의료커뮤니케이션

한국의과대학 · 의학전문대학원장협회 ㅣ 대한의료커뮤니케이션학회

MEDICAL
COMMUNICATION

학지사

의료대화는 의사-환자 관계의 가장 기본적인 임상수기이자 태도로서 대부분의 의과대학이 '면담'을 필수과목으로 시행하고 있습니다. 그러나 우리나라 상황에 맞는 교재가 없어 번역서를 사용하던 중에 의과대학 의료대화를 교육하는 교수님들의 공동 노력으로 이 교재를 출간하게 되었습니다.

최근 의료 환경의 변화로 국민은 의료를 기본적인 권리로 여기게 되었고 의료정보가 일반인들에게 공개되면서 과거의 수직적 의사-환자 관계는 횡적, 수평적 관계로 바뀌어 가고 있습니다. 그러나 아직까지도 의료인들은 환자들보다 우위에 서서 환자에게 베푼다는 과거의 개념을 가지고 있는 경우가 많습니다. 하지만 이제 환자들은 의료를 시혜(施惠)라기보다 서비스 구매로 생각하고 생물학적 치료를 넘어서서 보다 인간적인 의료를 바라고 있습니다. 환자들은 자율성을 존중받기를 기대하고 있으며, 전통적인 가부장적 의사보다는 환자와의 대화를 통해서 치료과정을 함께 결정해 나가는 동반자적인 의사상을 요구하고 있습니다.

의료대화 교육에 대해서는 SEGUE(Set the stage, Elicit information, Give information, Understand the patient's perspective, End the encounter), Kalamazoo Consensus, Calgary-Cambridge Guide, Macy Guideline 등의 다양한 견해와 지침(guideline)이 있으며, 의사의 진료과정이나 대화의 내용에 따라 이를 변용하도록 되어 있습니다.

이 교재는 이와 같은 자료들을 참고하고 여러 차례의 교수 설문과 전문가 회의를 거쳐 제1부에서는 의료커뮤니케이션의 기본적인 이해, 제2부에서는 진료과정에 따른 커뮤니케이션, 제3부에서는 다양한 상황에서의 커뮤니케이션을 다루고 있습니다.

    이 책의 출간을 위해 소중한 의견을 개진해 주신 여러 의과대학의 교수님들, 그리고 바쁜 시간을 할애하여 원고를 집필해 주신 교수님들께 감사드립니다.

임정기

한국의과대학 · 의학전문대학원장협회 이사장

서울대학교 의과대학 학장

추천사

여러 선생님들의 헌신과 열정으로 이 책이 나오게 된 것을 진심으로 축하드리고 기쁘고 감사하게 생각합니다.

최근 의료 서비스에 대한 환자들의 기대가 상승하였고 전통적인 수직적 의사-환자 관계가 수평적으로 변화하였으며 환자의 권리가 보다 더 존중되고 보호되어야 한다는 의식의 전환이 이루어졌습니다. 그러나 의료인들은 그러한 변화된 의료 환경에 적극적으로 대처하지 못하였고, 그에 따라서 의료인에 대한 환자들의 불만의 소리가 점차 높아져 가는 안타까운 상황에 처하게 되었습니다. 그러한 불만 중에는 의사들이 환자들의 말을 경청하지 않고, 환자가 하고 싶은 말을 충분히 하게 하지 않으며, 환자가 질병으로 인해 겪게 되는 심리적 고통에 대한 공감과 지지가 부족하다는 내용이 주를 이루고 있습니다. 의료인에 대한 환자의 가장 큰 불만 요소가 의사소통의 문제라는 것을 인식한 의료계는 의과대학생들에게 의사소통 교육을 실시하였고, 의사국가고시 실기시험에서도 예비 의료인들의 의사소통 능력을 평가하는 방안을 마련하였습니다.

이러한 의료계의 추세에 발맞추어 2006년 9월 의료커뮤니케이션학회가 창립되었습니다. 이 학회는 의학자, 간호학자, 인문학자 등으로 이루어진 다학제적인 연구 단체로서 그동안 의료인들의 의료커뮤니케이션 능력 향상을 위한 여러 방안에 대해 활발히 논의를 진행해 왔습니다. 그동안 이루어졌던 논의의 결과들이 상당 부분 이 책에 반영되어 있는 데 대해서 학회장으로서 매우 기쁘고 자랑스럽게 생각하며, 그간 수고를 아끼지 않으신 저희 학회 회원들께 진심으로 감사의 말씀을 올립니다.

이 책에는 의료인들의 의사소통 능력을 향상시키기 위해 필요한 의료커뮤니케이션의 기초적인 내용에서부터 진료과정에 따른 의료커뮤니케이션에 대한 지식과 의료의 여러 영역과 특수한 의료 업무에서 필요한 의사소통 방안이 모두 제시되어 있습니다. 따라서 이 책이 효과적이고 환자 중심적인 의사소통 능력을 갖춘 의료인들을 양성하는 데 부족함이 없다고 확신합니다.

이 책이 두루 쓰여서 의료인들이 환자들과 소통하고 교감할 수 있게 되고 환자들로부터 신뢰와 존경심 그리고 사랑과 감사의 마음을 얻어 내고 누릴 수 있길 바랍니다. 또한 환자들로부터 받은 그러한 마음들이 환자에 대한 사랑과 헌신으로 승화되길 소망합니다.

이 책이 출간된 데 대해 다시 한 번 축하의 말씀을 드리고 격무 속에서도 이 책이 나올 수 있도록 희생과 노력을 아끼지 않으신 집필진과 관계자 여러분께 감사와 경의의 마음을 전합니다.

임인석

대한의료커뮤니케이션학회 회장(2008~2010)

중앙대학교 의과대학 소아청소년과

참고문헌

김대현, 노혜린, 신좌섭, 박훈기, 박일환, 성낙진, 이건호, 임인석(2011). Modified Delphi 법을 이용한 의료 커뮤니케이션 교재 범위 설정. 의료커뮤니케이션 6(1): 10-16

차 례

제1부 **총 론**

01 의료커뮤니케이션의 기본 개념 ·················· 15

02 환자의 이해 ······························· 27

제2부 **진료과정에 따른 면담기법**

제3부 상황에 따른 면담기법

제**1**부

총 론

MEDICAL COMMUNICATION

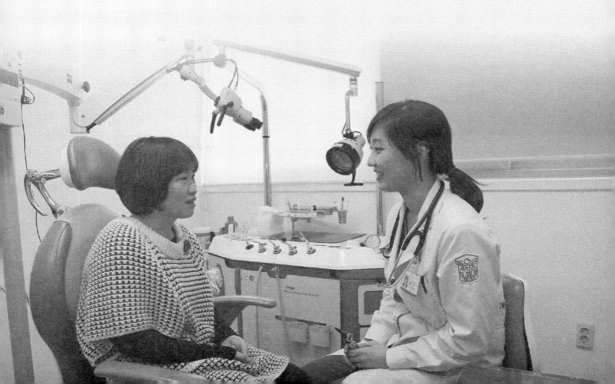

01

의료커뮤니케이션의
기본 개념

이자경(연세대학교 의과대학)
손정우(충북대학교 의과대학)

➡ 학/습/목/표

1. 의사소통의 원리와 기본 구조를 이해하고 왜곡 과정을 설명할 수 있다.
2. 의료커뮤니케이션의 구조와 기능을 설명할 수 있다.
3. 의료커뮤니케이션의 기본 기술을 적용하여 진행할 수 있다.

01 CHAPTER 의료커뮤니케이션의 기본 개념

1. 대인 상호 의사소통의 정의

일상생활을 하면서 인간에게 의사소통이란 숨을 쉬는 것과 같다. 호흡하는 것과 같이 의사소통은 개인이 살아가는 데 피할 수 없는 일상이다. 가족과 얘기를 나누거나, 회의를 진행하면서 직장 동료들과 의사소통을 하거나 배우자나 친구들과 같이 공감하면서 이야기를 하는 것은 인간 대 인간 의사소통의 예라 할 수 있다. 대부분의 사람들은 깨어 있는 동안 80～90% 정도의 시간을 다른 사람들과 의사소통을 하며 보낸다. 사람은 이러한 의사소통을 통하여 다른 사람과의 관계를 형성하고, 유지ㆍ발전시킨다.

대인 의사소통을 이해하기 위해서는 일반적 의사소통(communication)과 인간 의사소통(human communication) 두 가지를 이해할 필요가 있다. '의사소통'을 간단히 정의하면 '정보에 대해 행동하는 과정'이다. 어떤 사람이 무엇을 하거나 말한 것에 대하여 다른 사람들이 이해한 대로 생각하고 반응을 보이는 것이다. '인간 의사소통'이란 세상을 이해하고 언어적, 비언어적 메시지들을 사용하여 만들어진 의미에 대해 다른 사람들과 공유하는 과정을 의미한다. 우리는 듣고, 관찰하고, 음미해 보고, 만지고, 냄새 맡기 등의 과정을 통해 세상에 대해 알게 되고 이렇게 알게 된 결론을 다른 사람들과 공유한다. '인간 의사소통'은 TV, 연설, 이메일, 노래, 온라인 토론, 편지, 책, 기사, 시, 광고 등의 다양한 매체를 통해 이루어진다.

대인 상호 의사소통(interpersonal communication)은 인간관계를 관리하는 목적으로 상호적인 영향을 미치는 것을 포함한 특별하고 교환 형식을 띤 인간 의사소통이라 할 수 있다. 반면 인간미 없는 의사소통(impersonal communication)은 상대방을 물체로 대하거나 상대방을 특별한 존재로 보기보다는 상대방이 수행하는 역할에 대해서 반응을 보일 때 일어나는 의사소통이다.

〈표 1-1〉 대인 의사소통과 인간미 없는 의사소통의 차이

대인 의사소통	인간미 없는 의사소통
사람들을 소중한 개인으로 대한다.	사람들을 하나의 물체로 대한다.
'나-당신'이란 관계 속에서 대화한다. 개개인은 모두 특별하다(Buber, 1958).	"나-그것"이란 관계 속에서 대화한다. 개개인은 무엇인가를 수행하는 역할 그 자체다.
'나-그것'이란 관계 속에서 대화한다. 진실한 대화와 나의 진실성을 상대방과 공유한다.	진지한 감정의 공유보다는 기계적이고 경직된 상호작용만 있다.
대인 의사소통은 보통 내가 관심을 갖고 있는 가족, 친한 친구 같은 사람들과의 의사소통을 말한다.	인간미 없는 의사소통은 상대방과 만난 적이나 대화한 적이 없는, 추후에도 다시 만날 것 같지 않은 고객과 영업사원 혹은 서비스 제공자들과의 대화들이다.

출처: Beebe S, Beebe S, Redmond M. (2008). p. 5.

2. 의사소통의 처리과정

　의사소통 연구에서 가장 먼저 소개되었던 모델은 송신자와 수신자 간의 일방적인 메시지 전달에 있었으나 최근에는 시스템 이론을 적용한 의사소통의 처리과정 모델(Transaction Model)로 설명되고 있다. 처리과정의 관점에서 의사소통이란 두 사람이 만나서 얘기를 할 때 내가 상대방의 반응에 항상 반응하고 상대방 역시 나의 반응에 다시 반응하는 상호 교환 과정을 의미한다. 이러한 관점이 가장 현실적인 설명이라고 학자들은 말

한다. [그림 1-1]은 내가 메시지를 보내고 메시지를 받는 것을 거의 동시에 한다고 설명하는 그림이다. 내가 말하고 있는 시점에도 나는 끊임없이 상대방의 언어적·비언어적 반응을 해석하는 처리과정 모델은 시스템 이론에 기반을 두고 있다.

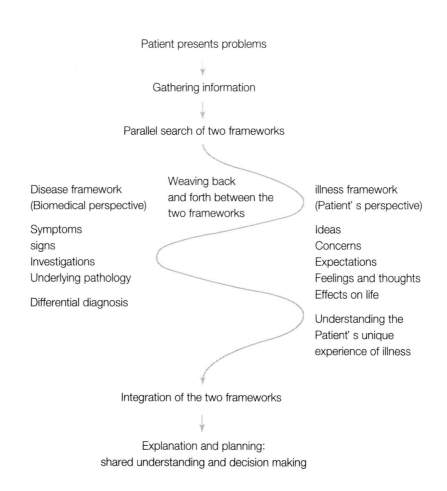

[그림 1-1] 상호 처리과정으로서의 인간 의사소통 모델
(Human communication as transaction)

출처: Beebe S, Beebe S, Redmond M. (2008). p. 5.

시스템 이론이란 어떠한 시스템의 요소들은 모두 연결되어 있으며 하나의 요소 변화는 다른 요소들에 영향을 준다는 것을 설명하는 이론이다. 의사소통의 관점에서 시스템 이론은 의사소통의 처리과정을 이해하는 데 도움을 주는 이론으로 의사소통 시스템에서 모든 요소들(송신자, 메시지, 채널, 수신자, 상황, 피드백 등) 중 하나하나의 요소들이 다른 요소들에 모두 영향을 준다는 것을 설명한다.

3. 의료커뮤니케이션의 구조와 내용

의사와 환자 간의 대화는 일반적인 대인커뮤니케이션을 기본으로 하면서 환자의 질병에 대한 진단과 치료를 목적으로 하는 것 외에도 의료적 결정을 돕고, 질병에 관련된 정보를 주며, 건강을 유지하거나 개선하기 위한 교육, 동기부여 상담에까지 이르는 의사에게 부여된 특권적인 의사소통(privileged communication)이다. 효율적인 의사소통을 하는 의사들은 환자가 처방이나 치료계획에 잘 따라오게 하고 더 나아가 환자나 환자 가족들이 최선의 의료적 결정을 내릴 수 있도록 하는 파트너 역할을 한다. 하지만 환자와의 의사소통의 중요성을 고려하면서 제한된 시간 내에 효과적으로 의료커뮤니케이션을 진행한다는 것은 생각처럼 쉬운 일이 아니다.

의사가 환자의 주요 증상에 대해 진단을 하고 질병의 원인을 찾아 치료에 대해 얘기하는 과거의 일방적인 대화 방식은 환자의 치료 순응도와 치료 만족도를 저하시킨다는 점들이 지적되었다. 또한 환자가 의사의 얘기를 이해하지 못한다는 연구도 있다. 미국의사협회에서는 건강 정보 이해 능력이란 "처방약의 설명서, 다음 진료 예약 종이, 환자로서 성공적으로 처방과 치료에 잘 따라오도록 주어진 모든 자료나 지시사항을 읽고 이해할 수 있는 능력"이라고 정의하였고 라잔(Ryazan)과 파커(Parker)

(USDHHS, 2000)는 '건강과 관련하여 적합한 결정을 하기 위해 필요한 건강 서비스와 기본적인 건강 정보를 얻고, 처리하고 이해하는 능력의 정도'라고 정의하였다. 최근 많은 연구에서 환자의 안전과 건강을 위하여 의료인들이 정보를 전달할 때 환자의 이해력과 수준에 맞게 설명할 것을 권고하고 있다.

의사가 어떻게 환자의 건강 정보 이해 능력을 알 수 있는가는 환자의 이야기에 귀를 기울이고, 환자의 언어적·비언어적 신호를 정확하게 해석하면 환자가 나의 메시지를 이해하고 있는지 알 수 있다. 또한 환자들은 환자의 수준과 요구에 맞게 의료커뮤니케이션을 진행하고 치료를 진행할 때, 의사를 신뢰했을 때 필요한 정보에 대한 요구를 보다 적극적으로 하고 치료에 좀 더 적극적으로 참여한다. 이는 그 의사의 약력이나 경력을 보기보다 의사의 행동이나 태도와 같은 것의 극히 일부분을 보고 신뢰할 만하다고 판단을 내리기 때문이다.

효율적인 의료커뮤니케이션은 '나-환자'와 같은 대화 형식이 아닌 '나-당신'이라는 구조 속에서 이루어진다. 의료커뮤니케이션은 환자와 의사 간의 신뢰성 구축, 환자의 순응도 도출, 의료적 결정에 도움을 주며 환자의 만족도를 높인다. 의료커뮤니케이션은 의사로서 갖추어야 하는 자질 중에 효과적인 의사소통이 가장 중요하게 습득해야 하는 것이며 이는 의사가 기본적으로 갖추어야 하는 의료적 지식, 각종 검사와 문제해결 능력 등을 표현하는 유일한 도구이기도 하다.

진정한 의미에서의 의료커뮤니케이션은 의사가 환자로부터 단순히 증상에 대한 정보를 듣고, 정보를 알기 위해 질문하고 도출된 가설 검증을 통해 환자에게 지시사항을 내리는 것이 아니라 다음과 같은 기술의 적용을 통해 환자와 대화하는 과정을 말한다.

- 내용 기술(content skills): 병력 청취와 관련된 의사의 질문, 환자로부

터 얻는 정보에 대한 반응, 진단과 치료에 대한 의견 교환 등을 의미한다.

- 과정 기술(process skills): 의사와 환자의 관계형성과 면담의 효율적 진행, 언어적 · 비언어적 대화의 진행을 통해 환자에게 정보를 주고 환자의 이야기에 반응하는 것을 의미한다.
- 개념적 기술(perceptual skills): 의사가 환자의 상황에 대해 무엇을 생각하고 느끼는가 하는 부분이다. 의료진의 내면적인 결정 및 정리 과정, 임상적 사고, 문제해결 능력 등이 포함된다.

의사들은 환자라는 역할을 가진 상대방과의 대화에서 내용 기술과 개념적 기술은 훌륭하게 수행하지만 많은 의사들이 과정 기술에 취약하다. 과정 기술이 약한 경우 의료적 면담이 차갑고 무미건조한 의사소통이 될 수 있다. 과정 기술을 잘 습득하는 것은 의사들의 문제해결과 올바른 진단에 더욱더 큰 도움이 되며 환자의 순응도 및 만족도를 높일 수 있으므로 과정 기술을 습득하는 것은 중요하다. 과정 기술에서는 환자를 맞이하는 태도나 대화를 의미한다. 신뢰감의 형성은 일반적으로 언어보다는 의료커뮤니케이션 진행 과정에서 의사의 비언어적인 신호를 통해 환자가 판단

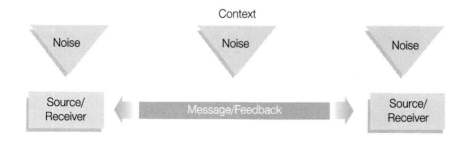

[그림 1-2] The disease-illness model

출처: 재인용 Levenstein JH, Belle Brown J, Weston WW, Stewart M, McCracken EC, McWhinney I. (1989). and Stewart MA, Brown JB, Weston WW, McWillian CL, Freeman T. (2003).

하는 과정이므로 언어와 비언어적인 부분이 일치할 수 있도록 해야 한다.

[그림 1-2]와 같이 의료커뮤니케이션은 생의학적(bio-medical) 모델과 환자의 관점에서 보는 병의 측면에서도 다루어져야 하는 부분을 이해하면 의사의 의료커뮤니케이션은 대인 상호적인 의사소통으로 이루어질 수 있다.

4. 의료커뮤니케이션에 유용한 의사소통 기술

실제로 의료커뮤니케이션을 시작할 때 진단을 내리기 위하여 환자의 주요 병력과 현재 증상에 대하여 질문과 경청, 그리고 환자에게 반응하는 대화를 시작한다. 다음에 소개하는 의사소통 기술은 의사 중심의 면담이 아닌 환자 중심의 대화를 할 수 있도록 도와주는 대화 기술(skill)이다.

- 주의를 기울인 경청(attentive listening) : 환자는 환자라는 역할을 하는 대상이 아닌 인간으로 관심을 갖고 이야기를 경청하자는 것이다. 경청하는 것은 환자의 이야기를 편견이나 선입견 없이 듣는 과정을 말한다. 효과적인 경청은 환자의 이야기를 끝까지 들어 주고 환자의 얼굴을 바라보면서 중간중간에 언어적 혹은 비언어적으로 환자의 이야기에 반응을 보이는 것이다.
- 반응 유도(facilitative response) : 언어적 · 비언어적으로 공감하며 환자의 반응을 유도하는 기술이다. 예를 들면, "그러셨군요." "아프셨군요." "잘 하셨네요."와 같은 칭찬 및 격려, 침묵을 통해 반응하도록 기다려 주기(silence), 환자가 한 말을 다시 반복하기(repetition), 환자의 말을 재인용하기(paraphrasing), 환자의 이야기를 다시 해석해 공유하기(sharing your thoughts), 적절한 개방형 질문 사용 등을 통하여 환자와의 대화에서 반응을 보이고 반응을 유도한다.

- 큐(cues) : 환자가 표현하는 언어적·비언어적 큐를 파악한다(보디랭 귀지, 목소리 큐, 얼굴 표정 등). 환자들의 이러한 표현에 의사가 적절하게 반응해 주는 것이 좋다.
- 명확하게 하기 : 환자가 이야기한 것이 불분명하거나 미완성일 경우 다시 한 번 질문하여 명확한 내용을 알도록 한다(예: 여러 가지 증상들을 이야기하셨는데 제일 먼저 치료 받았으면 하는 곳이 어디죠.).
- 시간 : 언제부터 그랬는지 날짜 등에 대한 경위를 묻는다(저희 병원에 1월 20일에 오셨는데 전에도 쓰러지거나 어지럽거나 하신 적이 있으셨나요?).
- 내면적 요약(internal summary) : 중간중간에 환자가 이야기한 것을 정리 요약하여 맞는지 확인한다. 의사가 확인했을 때 환자가 부연 설명을 하거나 정정할 수 있도록 한다.
- 언어(language) : 일반적으로 사람들은 어떤 행동이나 문제에 대한 원인을 알고 싶어 하는데 길고 복잡한 설명보다는 간단한 것을 선호한다. 환자에게 설명할 때는 가능한 간단하고 쉽게 설명하도록 하자. 의학 용어를 써야 할 경우 이해할 수 있도록 일반인이 쓰는 용어로 가급적 사용한다. 의사의 신체 언어(body language)는 목소리 크기, 속도, 톤, 얼굴 표정, 눈 맞춤, 환자를 대면하고 있는 자세(팔짱을 끼거나 책상 위로 두 손이 다 모아진 자세는 폐쇄형 자세) 등과 같이 환자는 의사의 비언어적인 태도에서 내가 신뢰해도 되는가, 나를 인간적으로 대하는가를 판단하므로 비언어적인 부분도 신경 쓰도록 한다.

5. 결론

의료커뮤니케이션은 의사소통 이론에 근거를 두고 '나' 중심이 아닌 '상대방 중심의 의사소통'을 진행하는 것이다. 이러한 기술을 연습하고 알고 있으면 여러 가지 유형의 대화 상대를 만났을 때 정해진 시간 내에 효율적으로 환자 중심의 대화를 할 수 있을 것이다.

실습과제

1. 사례 1. 상대방의 이해와 편견 알아보기

1) 가급적이면 잘 모르는 사람과 짝을 지어 본다. 서로 대화를 시작하기 전에 다음 리스트 중 상대방에 맞는 단어를 골라 종이 상단 부분에 적어 본다.

머리가 좋다	운동을 잘 한다	예술적이다	공부를 열심히 한다
착하다	재미있다	자만에 차 있다	친절하다
내성적이다	외향적이다	열심히 노력한다	부끄럼이 많다
재능이 많다	인기가 있다	호기심이 많다	기분파다
감성적이다	행복하다	용감하다	책임감이 있다
리더다	수동적이다	확신이 없다	혼동스럽다

2) 5분간 서로 대화를 나눈다.

3) 대화를 마친 후 상대방에 대하여 설명하는 단어를 종이 하단 부분에 다시 적어 본다.

4) 파트너와 종이를 교환하여 대화하기 전에 가진 상대방에 대한 선입견과 대화 후에 어떻게 차이가 나는지 이야기해 본다.

2. 사례 2. 관계형성과 상대방 중심의 의료커뮤니케이션

1) 3명이 한 조가 되어 의사 - 환자 - 관찰자 역할을 분담한다.

2) 의료커뮤니케이션의 과정 기술, 내용 기술, 개념적 기술을 적용하여 환자와 면담을 진행한다(10~15분간).

시나리오(환자용 시나리오는 의사가 볼 수 없도록 따로 준비)

환자용 (55세 기혼 직장인 여성) 산부인과 정기 검진차 내원

감추어진 건강 문제: 최근 생리가 규칙적이지 않고 폐경이 아닐까 하는 걱정이 있다. 폐경이 되면 신체적·정신적 변화가 어떻게 일어나는지 불안하다. 하지만 폐경이 아니기를 바라는 마음도 있다. 요즘 들어 많이 우울하기도 하고 잠도 잘 못 잔다(환자는 학생 의사가 여러 가지 대화 기술법으로 편안하게 해 주고 환자가 이야기하도록 하지 않으면 감추어진 건강 문제는 잘 드러내지 말 것).

의사용

환자 김갑순(55세) 키 160센티미터, 체중 57킬로그램, 혈압 120/80, 체온 37도.
정기 검진차 내원하였음.

환자 맞이하기
병력 청취
(내진 검사는 생략)
검사 후 환자와의 의료커뮤니케이션 진행

관찰자용

의사와 환자의 관계 형성 과정을 관찰하고 의사의 언어적·비언어적 표현이 적절한지 평가한다.
의사가 환자의 감추어진 문제들을 이야기할 수 있도록 반응을 유도하는 시도를 하는지 관찰한다.

3) 면담 종료 후 관찰자가 평가한 내용과 환자가 평가한 점을 함께 토의하고 역할을 바꾸어서 더 나은 면담과정을 재연해 본다.

참고문헌

Beebe S, Beebe S, Redmond M. (2008). Interpersonal Communication (5th ed.). Pearson.

Buber M. (1958). I and Thou. Scribners, New York.

Levenstein JH, Belle Brown J, Weston WW, Stewart M, McCracken EC, McWhinney I. (1989). Patient-centred clinical interviewing. In: M Stewart and D Roter (eds.). Communicating with Medical Patients. Sage publications Inc., Newbury Park, CA.

Stewart MA, Brown JB, Weston WW, McWhinney IR, McWilliam CL, Freeman T. (2003). Patient-Centred Medicine: Transforming the clinical method (2nd ed.). Radcliffe Medical Press, Oxford.

U.S. Department of Health and Human Services. (2000). Healthy People 2010. Washington, DC: U.S. Government Printing Office In National Library of Medicine Current Bibliographies in Medicine: Health Literacy. Selden CR, Zorn M, Ratzan SC, Parker RM, Editors. NLM Pub. No. CBM 2000-1. Bethesda, MD: National Institutes of Health, U.S. Department of Health and Human Services.

02

환자의 이해

박용천(한양대학교 의과대학)
김봉조(경상대학교 의학전문대학원)

학/습/목/표

1. 병과 질병의 차이점을 이해하고 질병으로 인한 일반적인 스트레스를 설명할 수 있다.
2. 질병에 대한 일반적인 심리적 반응을 설명하고 이에 대처할 수 있다.
3. 질병의 문화적 다양성에 대해 이해한다.
4. 자기 이해의 중요성을 설명하고 자신의 성격유형을 평가할 수 있다.

02 CHAPTER 환자의 이해

환자의 병을 정확히 진단하고 치료하기 위해서 의사는 우선 환자를 잘 이해하는 것이 필요하다(환자들은 자신이 느끼는 신체적인 증상과 증상에 대한 평가에 따라 다양한 행동 양상과 일련의 과정을 겪게 된다). 대부분의 질병은 여러 가지 스트레스를 유발하고, 질병으로 인한 스트레스와 이에 대한 반응은 각 환자들이 처한 상황이나 과거의 경험 등 다양한 요인들이 작용을 한다. 또한 환자에 대한 부정적인 감정적 반응이 치료적 관계에 악영향을 미칠 수 있기 때문에 환자를 대하는 의사 자신에 대한 이해가 중요하다. 따라서 이 장에서는 환자가 질병으로 인해 일반적으로 생길 수 있는 스트레스와 심리적 반응에 대해 설명하고 의사의 자기 이해에 대해서 알아보고자 한다.

1. 질병, 병 그리고 질병으로 인한 일반적인 스트레스

1) 질병disease과 병illness

환자들의 행동을 이해하기 위해서는 먼저 질병(disease)과 병(illness)의 개념을 각각 이해하여야 한다. 질병(disease)이라는 것은 의사들에게 익숙한 개념으로 진찰이나 검사 등을 통해 이상이 발견되는 것이며 해부학적 또는 병태생리학적인 이상 상태를 의미한다. 아픔(sickness)이란 신체 상태가 좋지 않다는 환자의 주관적 경험을 말하며 때로는 환자 자신은 아픔을 느끼지만 의학적으로는 질환의 증거를 발견할 수 없는 경우가 있다. 반대로 환자는 아픔을 느끼지 못하지만 의학적으로는 이미 병의 상태인 경우도 있다.

병(illness)은 각 개인이 생존하고 사회기능을 하는 상태에서 어떤 변화를 경험하는 것을 의미한다. 그러므로 질병이란 개인적으로 고통을 경험하고, 평상적 생활에서 벗어나 사회적 능력이 감소된 상태다. 질병은 주관적인 특성이 강하고 각 개인의 독특한 인격 특성에 따라 다양하게 표현된다. 예를 들면, 한 중년 여성이 암에 걸렸다면 객관적으로는 병의 상태에 있다고 할 수 있다. 의사가 병의 존재를 확인하고 환자는 아픈 상태임을 인정한다면 그 환자는 질병의 상태에 있게 된다. 대개는 이러한 개인의 증상과 그에 따른 행동은 병의 객관적인 심각도와 상관성이 있지만 의사는 상관성이 없을 수 있다는 사실도 반드시 염두에 두어야 한다. 병에 대한 사소한 암시만으로도 큰 병처럼 느낄 수도 있고, 큰 병을 앓고 있으면서도 전혀 느끼지 않을 수 있다. 따라서 의사는 병을 치료하는 것이 아니라 질병을 경험하는 한 인간을 치료해야 한다는 사실을 항상 기억해야 한다.

2) 질병의 일반적인 스트레스

질병은 여러 형태의 스트레스를 경험하고, 환자가 질병에 적응하면서 다양한 부정적 감정 반응을 보이게 된다. 스트리안(Strian)과 그로스먼(Grossman)은 질병으로 인해 생길 수 있는 일반적인 스트레스를 여덟 가지로 설명하였다.

1. **효율성 상실에 대한 두려움**: 아픈 환자는 일상적인 일을 효과적으로 수행하지 못한다. 질병은 직장과 집안일, 여가활동을 효과적으로 하

기 힘들게 한다. 직업을 가진 환자라면 종종 실직이나 실직의 위협에 대처해야 한다. 질병은 아버지들이 자녀와 어울리기 힘들게 하고 함께 지낼 수 없게 할 수도 있다.

2. 분리 불안: 질병으로 인한 입원으로 환자들은 사랑받고 편안하게 지지해 주던 사람들로부터 분리 위협을 느낀다.

3. 애정 상실에 대한 두려움

4. 신체 기능 상실에 대한 두려움

5. 신체 부위 상실에 대한 두려움

6. 합리성 상실의 위협 : 질병은 정신 기능과 인지 기능을 감소시킬 수 있다. 질병 또는 약물로 인해서 환자는 기억력이 감소하고 집중력에 문제가 생길 수 있으며 합리적 판단을 어렵게 할 수 있다.

7. 통증에 대한 두려움

8. 죽음에 대한 두려움

2. 질병에 대한 일반적 심리 반응

질병에 대한 심리 반응은 개인의 인격, 과거 경험, 문화, 질병의 심각도 및 질병 상태(급성 또는 만성 질병) 등 많은 요인에 의해 영향을 받는다. 질병은 변화를 경험하는 것이고, 질병의 회복에는 새로운 적응이 요구된다. 질병은 일반적으로 다양한 심리 반응을 유발하는데 어느 정도까지는 정상적인 반응으로 볼 수 있으나 그 정도가 심하여 치료 및 기능 회복에 심각한 장애가 될 정도가 되면 비정상적 질병 반응이라고 볼 수 있다. 감정과 신체적 기능은 상호의존적이기 때문에 비정상적 질병 반응은 신체적 상태를 악화시킬 수 있으므로 정상적인 심리 반응과 비정상적인 질병 반응에 대해서 이해하고 이에 대해 적절히 대처하는 것이 중요하다. 다음은 질병에 대한 일반적인 심리 반응이다.

1) 부정denial

부정은 인간이 매우 흔히 사용하는 방어기제로 불안하고 감당하기 힘든 외부 현실인 문제를 무의식적으로 부정하는 것을 말하는데 이 부정은 감당하기 힘든 과도한 자극에서 환자를 심리적으로 보호하는 역할을 한다. 객관적으로 병이 있다는 증거가 지속적으로 나타나는데도 환자는 "별것 아니다."는 식으로 가볍게 받아 넘기거나 "멀쩡한데 왜들 이러시오!"라는 식의 태도를 취하기도 한다. 이는 신체질환에 대한 최초의 심리 반응으로써 흔히 나타나는데, 굳이 병적으로 볼 필요는 없다. 하지만 부정이 너무 심하여 현실에 대한 평가와 수용에 있어 현저한 왜곡이 있는 경우는 비적응적이 된다. 반복적인 대인관계 실패로 자신의 영향을 결코 인정 못하는 사람은 아마도 그러한 양상을 끊임없이 내보일 것이고 점점 더 외톨이가 될 것이다. 환자의 경우에는 부정이 지나치면 정확한 진단과 치료과정이 방해받고 결과적으로 질병 상태를 지속시킬 수 있다. 예를 들어, 심장병 환자가 응급 상황에서 심한 흉통을 무시해 버리는 경우다. 부정이 지속되면 심장 발작 후 심근경색으로부터 회복되는 동안 휴식을 취해야 함에도 불구하고 이를 부정하고 치료를 잘 받지 않게 되어 예후가 나쁘게 된다.

2) 불안anxiety

불안은 위험을 알리는 신호로 신속한 행동을 취할 수 있도록 하는 적응적인 감정이다. 사람은 마음속으로 질병을 하나의 위험상황으로 인식하기 때문에 불안을 느끼게 된다. 질병과 관련하여 불안은 방어행동(예: 예방주사, 건강한 식이요법 등)을 촉진시키고 증상이 생기면 즉시 내과적 검사를 받도록 주의를 기울이게 한다. 그러나 불안이 점점 더 극심해지면 건강문제에 대해 비합리적으로 몰두하게 되어 병적인 질병 반응을 야기시킬 수 있다.

환자가 과도한 불안을 느끼는 경우 객관성이 결여되고, 결과적으로 정확하고 솔직하게 자신의 병력을 의사에게 제공하지 못하고 진단 검사나 신체검사를 감내하지 못하게 된다. 또한 돌봐주는 사람이 무심코 말한 것을 되새기고, 치료과정의 사소한 점에 대해서도 집착하게 된다. 결과적으로 가족과 의료진에게 자신의 불안을 해소하기 위해서 지속적으로 확인하고 안심시켜 주기를 바라는 행동을 하게 되고, 이러한 행동은 주변 사람들을 힘들고 지치게 한다. 이처럼 과도한 병적 불안은 여러 가지 의학적 치료 효과가 감소될 수 있고 환자의 회복에도 방해가 될 수 있다.

3) 분노 anger

환자들은 질병으로 인해 생기는 불안이나 두려움들을 좌절이나 분노로 표현하기도 한다. 분노는 특정 대상에게만 국한되기도 하지만 불특정 대상을 향하기도 한다. 열등한 유전인자를 물려준 조상을 탓하기도 하고 질병을 악화시키는 데 관여했다는 이유로 가족이나 주변 사람들을 비난하기도 한다. 뿐만 아니라 질병으로 인해 건강한 사람들에게 의존하여야 하는 자신의 상황을 분개하기도 한다. 환자에게 식이요법과 신체활동의 제한을 요구하고 고통스러운 진단과정을 수행하도록 하며 복용하는 약으로 인한 부작용 등으로 의료진에게도 자주 분노감을 표현한다. 이러한 분노를 적절하게 처리하지 못하면 점진적으로 환자와 가까운 가족들이 등을 돌리게 만들며, 치료와 일상생활에도 부정적 영향을 미치게 된다.

4) 우울depression

환자들은 신체 손상 또는 신체 기능의 상실로 인한 우울한 기분을 경험할 수 있다. 신체적 장애로 인해 건강했던 이전의 기능 상태로 회복되지 못하고, 이러한 현실에 대한 정신적 반응으로 자기 비하와 자책감을 경험하는 부정적 악순환이 일어나 궁극적으로 환자는 자신을 무기력하고 무가치하게 느끼게 된다. 이러한 우울한 기분의 징후와 증상은 환자에 따라 심각도가 다르고 그 결과로 비교적 경한 적응장애에서 주요 우울장애까지 다양한 범주로 나타날 수 있다. 하지만 심각한 질병을 가진 모든 사람이 주요 우울장애를 보이는 것은 아니며 심각한 질병뿐만 아니라 말기 암 환자 연구에서도 주요 우울장애를 보인 환자는 절반도 되지 않았다.

우울증의 흔한 증상으로는 자주 눈물을 보이고 슬퍼하며 즐거움이 없는 상태가 나타난다. 또한 불안과 초조함을 보일 수 있으며 불면, 식욕부진, 성욕 저하, 통증을 비롯한 다양한 신체 증상을 보일 수 있다. 이러한 우울증의 증상은 심각한 내과적 질병이 내재되어 있는 것으로 종종 오인되기도 하여 정확한 진단과 치료까지 어렵게 한다. 우울증이 있는 환자는 정확한 병력을 제공하거나 치료에 따른 주관적 및 객관적 반응을 잘 보고하지 않는 경향이 있어 감별진단을 더욱 어렵게 만든다. 심각하고 만성적인 신체질환을 동반한 상태에서 우울증이 생긴 환자들은 질병 자체에 의한 것보다 더욱 심한 기능 장애를 보인다. 다른 사람들과의 사회적 관계는 힘들어지고, 기능 수행능력은 손상되며 전반적인 삶의 질 역시 크게 저하된다. 우울증은 식욕부진이나 불면 등으로 인한 쇠약, 면역저하, 살려는 의지에 대한 자포자기, 의도적인 자기파괴 행동을 보일 수 있으며 이로 인해서 원래 가지고 있는 신체질환의 정상적인 회복과정을 방해할 수 있다.

하지만 신체질환에 동반된 우울증이 약물치료를 포함한 다양한 치료적 노력을 통해 회복되는 경우가 흔히 있다. 그러므로 신체적 질병에 동반된 우울증은 치료할 수 없는 예상된 반응이라기보다 적극적인 치료를 통해 치유 가능한 질병이라는 점을 환자에게 인식시키는 것이 중요하다.

5) 의존 dependency

퇴행(regression)은 모든 질병에서 흔히 나타나며 질병에 대한 반응이 유아적 단계로 바뀌어 의존적이고 수동적인 행동으로 변하는 것을 말하며, 적응적인 퇴행은 치료에 효과적으로 순응하도록 한다. 급성 질병의 회복이나 만성질환의 악화 기간 동안 적응 반응으로 생길 수 있다. 적절한 퇴행은 환자에게 편안함을 제공하고 책임감을 덜어 주며, 동시에 치료자가 치료의 전반을 관리할 수 있게 한다. 하지만 지속적이고 과도한 퇴행은 환자로 하여금 자율성을 다시 회복하려는 마음이 없어지게 만들고, 가족이나 치료진에게 그 책임을 떠맡기고 다른 사람의 도움에 만족하여 치료에 필요한 자신의 노력을 게을리하게 한다. 이러한 과도한 의존성은 가족들이 환자에 대해 지치게 만들고 은연중에 생긴 분노는 환자에 대한 노력을 감소시키고 치료진에게는 소위 '미운 환자(hateful patients)'라는 부정적 감정이 생기게 하여 환자의 정당한 요구들도 무시하게 만든다. 따라서 치료진은 질병의 초기 단계에서는 대부분 환자의 의존성을 충족시켜 주지만 질병이 호전되거나 만성질환의 경우 환자 자신이 질병의 치료를 위해 해야 할 것들에 대한 책임을 강조하고 요구해야 한다.

3. 문화적 다양성

의료에서 문화적 적정성은 필요한 것이고 이것을 위하여 문화적 차이를 인식하고 받아들여야 한다. 의사 자신의 문화적 가치를 인식해야 하고 다른 문화에 속한 사람은 의사소통, 행동, 해석, 문제해결에서 다른 방법을 사용한다는 사실을 인식해야 한다. 문화적 신념이 환자의 건강에 대한 믿음, 도움추구행동, 의료전문가와의 상호작용, 의료시술, 의료의 결과, 처방에 대한 순응 등에 영향을 끼친다는 것을 알아야 한다. 의사는 환자에게 적절한 의료를 제공하기 위해 환자의 문화적, 인종적 배경에 맞는 방식에 적응하는 능력과 의지를 갖고 있어야 한다.

환자들은 자신의 질병을 겪는 동안 전문적인 의료 제공자 외의 다양한 자료에 의지하는데 대중적 신념, 민간, 그리고 다른 전문 의료 제공자들은 환자의 건강관리 신념과 행동에 부분적 또는 전적으로 영향을 미친다. 의사는 환자가 질병을 앓고 있는 동안 다양한 의료 영역에서 여러 자원을 사용할 수 있다는 사실을 알고 있어야 환자의 행동을 더 많이 이해할 수 있다. 환자들에게는 그들이 질병을 치료할 때 어떤 치료방법을 사용하는지 망설이지 말고 물어보아야 한다. 의사들은 환자들에게서 생겨난 병적 소견인 병을 진단하고 치료하는 데 초점을 맞춘다. 그러나 환자는 질병이나 질병의 느낌이 드는 신체적 증상의 존재와 그러한 해석 때문에 의사에게 온다. 환자들은 그들의 질병 경험에 근거하여 치료 경과를 판단하기 때문에 의사는 질병에 대한 환자의 경험이 의사들의 전문적인 질병에 대한 해석과는 다를 수 있다는 것을 인식하는 것이 중요한다.

의사가 환자의 질병을 치료하기 위해서 환자의 질병에 대하여 알아가야 하는데 이때 설명 모델(explanatory model)과 질병원형 모델(illness prototype model)이 이 개념을 명료화해 준다.

1) 설명 모델explanatory model

설명 모델은 환자, 가족, 의사가 갖고 있는 질병에 대한 생각을 말한다.

전형적으로 의사의 설명 모델은 질병을 근거로 한 것이지만 환자의 경우는 그렇지 않다. 설명 모델은 개인이 특정 질병을 앓을 때 형성되는 것이기 때문에 대중적인 건강에 대한 신념과는 다르다. 설명 모델은 질병을 앓을 때 일반적으로 다음 다섯 가지의 질문을 포함한다. 1. 원인, 2. 증상 시작의 시간과 양상, 3. 병태생리학, 4. 질병 역할의 심한 정도와 급성 또는 만성 등의 양상을 포함한 병의 경과, 5. 치료.

의사는 치료를 할 때 질병에 대한 환자의 시각을 알아야 하고 질병에 대한 환자의 관심을 알아야 한다. 문화에 적합한 치료를 하고 환자의 치료 경과를 개선시키기 위해서는 설명 모델을 인식해야 함은 물론 환자와 보호자의 설명 모델도 알려고 노력해야 한다.

의사가 환자와 가족의 설명 모델을 알게 되면 치료 경과는 향상되는데, 다음과 같은 점을 염두에 두어야 한다. 먼저 환자의 질환에 적합한 문화적 건강신념과 치료법에 대해 많은 정보를 얻어야 하며, 환자에게 질병과 질환에 대한 적절한 교육을 제공해야 한다. 뿐만 아니라 환자가 받아들일 수 있고 따라올 수 있는 치료방법을 효과적으로 타협해야 한다.

환자로부터 설명 모델을 이끌어 내는 질문방법은 다음과 같다.

- 무엇이 당신의 문제를 일으켰다고 생각하십니까?
- 왜 그때에 생겼다고 생각하십니까?
- 아픈 것이 당신에게 어떤 영향을 끼친다고 생각하십니까?
- 아픈 것이 얼마나 심하십니까? 당신 생각에는 오래갈 것 같습니까? 곧 나아질 것 같습니까?
- 아파서 당신에게 생기는 가장 큰 문제는 무엇입니까?
- 아픈 것에 대해 무엇이 가장 두려우십니까?
- 무슨 치료를 받아야 된다고 생각하십니까?
- 치료에서 얻고자 하는 가장 중요한 결과는 무엇입니까?

2) 질병원형 모델illness prototype model

질병을 이해하는 데 있어서 문화적 모델의 인지적 기초에는 원인, 경과, 결과, 적절한 치료에 대한 언급을 포함한 설명 모델(explanatory model)이외에 현재의 질병 경험에 대하여 유추적인 추론을 할 때 사용하며 자신이나 타인의 경험을 명백한 모델이나 뚜렷한 이미지로 경험하는 질병원형 모델이 있다. 개인이나 가족의 질병원형 타입을 이끌어 내는 질문방법은 다음과 같다.

- 과거 당신의 개인적인 경험에 비추어 볼 때 지금 질병에 대한 당신의 생각이나 걱정은 무엇입니까?
- 다른 가족이나 친구의 경험에 비추어 볼 때 지금 질병에 대한 당신의 생각이나 걱정은 무엇입니까?

문화에 적절한 치료를 제공하기 위해서는 다음과 같은 점을 주의하여야 한다.

(1) 사람을 전형화시키지 말아야 한다

어떤 사람을 이해하는 데 있어서 문화적 전통에 대해 아는 것이 출발점이다. 개인의 문화적 신념에는 나이, 사회경제적 상태, 교육 등 많은 영향이 있다. 먼저 그 사람이 그러한 일반화에 맞는지 알아야 한다. 같은 집단 내에서도 개인적인 차이는 항시 존재한다.

(2) 환자에게 무엇 때문에 병이 생겼는지 물어보아야 한다

모든 환자가 균이나 바이러스 때문에 병이 생겼다고 생각하는 것은 아니다. 환자에 따라 스트레스, 영적인 힘, 신체적 균형이 깨져서라는 다양한 원인을 생각한다.

(3) 환자의 신념이 아무리 이상해 보이더라도 그것을 존중한다

환자들은 과거에 우스꽝스러운 행동을 했다고 보여질까 봐 의사에게 과거 가정에서 시행했던 방법을 말하기 어려워한다. 의사가 이전에 환자가 어떤 행동을 했는지 아는 것이 환자의 치료에 도움이 된다. 많은 질병이 저절로 낫는데, 이것 때문에 민간요법이 효과가 있는 것처럼 보일 수 있다. 환자가 속한 문화에서 어떤 행동이 병의 증상을 감소시킨다면 환자가 그런 행동을 하는 것은 당연하다.

(4) 금기가 되지 않는다면, 가능한 치료 계획에 환자의 신념을 통합시킨다

환자들은 이미 앞서서 자신만의 치료방법을 사용한다. 환자의 신념을 받아들인다면 환자는 치료에 잘 협조할 것이다. 만약 금기가 된다면 왜 그래야 하는지 존중하면서 설명해야 한다.

(5) 환자의 가족을 소홀히 하지 말아야 한다

많은 문화에서 중요한 결정은 환자 혼자가 아니라 가족들이 내린다. 의사결정 과정과 치료에 가족을 포함시킨다면 환자의 협조를 얻기 쉬워진다. 환자가 원한다면 가능한 한 많은 방문객을 맞는 것이 좋다. 어떤 문화에서는 부인이나 여성, 어린이의 치료에 대해 남편이나 다른 남자 친척이 최종 결정을 내리기도 한다.

(6) 환자가 건강에 있어서 초자연적인 영향에 관심을 갖더라도 무시하지 말고 존중해야 한다

질병에 대해 초자연적 영향이 원인이라고 생각하더라도 환자의 관심을 축소시키지 말아야 한다. 그런다고 환자의 믿음이 변하는 것은 아니다.

환자의 관심을 존중하면서 듣고 가능하다면 적절한 영적 치료자나 지도자를 관여시킬 수 있다.

(7) 지역사회에 있는 환자들의 신념이나 시술에 대해 알아야 한다

일반적인 신념과 시술에 대해 알게 되면 환자의 태도와 행동을 이해하는 데 도움이 된다. "이 지역에서 다른 사람들은 이러한 생각을 갖는데 당신은 어떻습니까?"라고 물어볼 수 있다.

4. 의사의 자기 이해

의사들은 환자들과의 관계에서 자신의 감정을 계속 느끼기 때문에 자신이 느끼는 감정이 환자와의 관계에 미치는 영향을 지속적으로 자문해 볼 수 있어야 한다. 예를 들어, 임종을 앞둔 환자와 면담하는 것을 부담스러워하거나 유방진찰과 성기 검사 등을 쑥스러워서 하지 못하여 중요한 결과를 놓치는 경우가 있을 수 있다. 이처럼 환자의 질병을 이해하는 데 중요하다면 어려운 질문을 할 수 있는 방법을 동료나 교수들을 통해서 배우거나 스스로 찾아내야 한다. 뿐만 아니라 어떤 특정한 질문 또는 검사를 시행하는 것이 망설여진다면 스스로에게 그 이유를 물어보아야 한다. 환자들에 반응해서 치료자에게 생기는 감정을 역전이(countertransferece)라고 한다. 역전이는 치료자의 개인적인 과거 경험을 통해 생겨나고, 일상의 진료에서 흔히 일어나며 피할 수 없는 것이다. 물론 환자들에게 역전이가 아닌 감정을 느낄 수 있다. 임종환자들에 대해서 동정심이나 두려움이 생겨날 수 있고 화를 내는 환자에 대해서는 분노와 좌절을 느낄 수 있다. 그러나 역전이에 대한 탐색을 통해 이러한 부적절한 감정이 역전이일 수 있다는 가능성을 인식한다면 환자에 대한 부적절한 감정에 대한 대처를 보다 잘 할 수 있을 것이다.

의사들은 환자들에 대한 사랑과 돌봄을 통해 공감하고 이해하려고 노력하며 이러한 노력은 치료에 도움을 준다. 그러나 이러한 사랑과 공감이 적절한 범위 내에서 이루어질 때만 유익하다. 친구 또는 가족이 환자가 되는 경우 명확한 경계를 두는 것이 어려워 합리적인 결정을 하는 데 어려움을 보일 수 있다. 가끔은 의사-환자 관계가 특별한 친밀감을 일으켜서 두 사람 간에 치료적 관계 이상의 강력한 호감이 생길 수 있다. 하지만 환자들에 대한 자신의 정서적 반응을 객관적으로 관찰함으로써 환자에 대한 감정의 적절한 한계를 설정하고 객관적인 관계를 유지하도록 해야 한다.

인간이기 때문에 모든 의사들은 실수할 수 있으나, 이 실수들은 환자의 질병 악화나 사망을 초래할 수 있다. 의학적 실수를 줄이기 위해서는 자기 이해에 관심을 가져야 한다. 부정(denial)을 사용하고 잘못을 다른 사람에게 돌리는 의사는 실수를 통해 배울 수 없으며, 자신의 실수를 인정하고 토론하는 의사는 진료에서 긍정적인 변화가 생길 것이다.

의사들은 환자를 위해 자신들의 자연스러운 반응을 사용할 때 가장 효과적이다. 의사들은 자기 이해를 통해 진단과 치료의 도구로서 자신들을 이용하고, 자신을 사용하는 능력을 개발할 때 환자 치료에 중요한 공감을 더 잘 경험하고 소통할 수 있다. 따라서 자기 이해를 통해 의사들은 병을 치료할 뿐 아니라 질병을 치유할 수 있는 의사로 발전할 수 있으므로 자기 이해를 위한 노력을 게을리 해서는 안 된다.

1. 다음 환자에게 보이는 환자의 반응에 대한 적절한 대화법은?

1) 심근경색이 의심되어 검사 중인 환자

　환자: 도대체 검사는 계속하면서 결과는 가르쳐 주지도 않고…… 화장실도 가지 마라! 물도 마시지 마라! 움직이지 말고 침대에서 누워서만 지내라! 도대체 내가 할 수 있는 게 뭡니까?

2) 항암 치료 중인 환자

　환자: 이제 모든 것이 끝이 났군요. 잠도 오지 않고 아무것도 먹고 싶지 않아요. 지금까지 살아 온 것이 후회돼요. '이렇게 살아서 뭐하나?' 하는 생각이 들고 가족들에게는 너무 큰 짐이 되는 것 같아요.

3) 암 진단을 통보받은 환자

　환자: 도대체 제대로 검사를 한 겁니까? 믿을 수가 없어요. 다시 검사를 해주시든지 아니면 다른 병원에 가서 다시 검사를 받고 싶어요.

2. 성격유형검사(예: MBTI, Ego Gram, MMPI 등)를 시행하고 자신의 성격유형을 파악하고 의사와 환자의 관계 형성에서 보일 수 있는 강점과 약점에 대해서 파악한다.

참고문헌

대한신경정신의학회(2004). 의료행동과학. 서울: 중앙문화사.

유계준(2001). 의학행동과학. 서울: 연세대학교출판부.

College of Medicine Medical University of South Carolina. Cultural Competency. http://etl2.library.musc.edu/cultural/competency/competency_1.php.

Kirmayer LJ, Sartorius N. (2007). Culture models and somatic syndromes. Psychosomatic Medicine, 69: 832-40.

Kleinman A, Eisenberg L, Good B. (1978). Culture, illness and cure. Annals of Internal Medicine, 88: 251-8.

Like RC, Steiner RP, Rubel AJ. (1996). Recommended core curriculum guidelines on culturally sensitive and competent health care. Family Medicine, 27: 291-7.

Steven AC, Julian B. (2000). The medical interview: The three-function approach(2nd ed.). 김대현, 서영성, 김정범 공역(2002). 의학면담. 서울: 학지사.

Strain JJ, Grossman S. (1975). Psychological reactions to medical illness and hospitalization. in Strain JJ, Grossman S, editors: Psychological care of the medically ill: a primer in liaison psychiatry. New York, Appleton.

03

관계형성 기법

김대현(계명대학교 의과대학)

김대현(계명대학교 의과대학)

●→ 학/습/목/표

1. 환자와의 기초적 관계형성 기법을 설명할 수 있다.
2. 환자와 대화 중에 기초적 관계형성 기법을 사용할 수 있다.

03 CHAPTER 관계형성 기법

환자들은 의사가 치료에 필요한 충분한 지식을 가지고 있다고 생각한다. 치료과정을 의사의 판단에 의지해야 하는 환자들은 의사가 자신에게 확신을 주고, 정서적으로 지지하며 도와주기를 원한다. 관계형성 기법이 좋은 의사들에게 환자들이 더 만족하고 처방에 더 잘 따르게 되므로 결과적으로 진료 만족도와 치료 결과가 좋아진다. 관계형성 기법이 좋은 의사들은 환자와 만족스러운 관계를 형성하고 정서적으로 힘든 상황에 더 잘 대처할 수 있다.

의사-환자 관계형성을 돕는 기초적인 기법은 비언어적 기술, 공감(반영, 정당화), 개인적 지지, 동반자 관계, 존중 등이 있다.

1. 비언어적 기술

의사소통은 언어 대화보다 신체 자세, 움직임, 얼굴 표정, 목소리 크기, 속도, 접촉 등의 비언어적인 형태로 이루어지는 것이 더 많다고 한다. 언어 대화와 비언어적 표현이 불일치(verbal-nonverbal mismatch)하는 경우에는 비언어적 표현이 환자에게 더 잘 전달된다.

적절한 눈맞춤으로 환자의 정서적 문제를 더 잘 진단할 수 있으며, 환자의 감정을 이해하기 위해서 얼굴 표정, 신체 자세, 움직임, 목소리 크기, 어조의 변화, 자율신경계 항진 증상과 같은 신체 변화를 관찰하는 것이 좋다. 몸과 머리를 앞으로 숙여 환자와의 거리를 조정하고, 열린 자세를 취하는 것이 관계형성에 도움이 된다.

　면담 중에 지나치지 않게 편안한 눈맞춤을 유지하는 것은 환자에게 의사가 적극적이고 효과적으로 경청하고 있음을 알려 주는 것이다. 지나치게 눈을 맞추면 의심이 많거나 편집적인 환자는 화를 낼 수 있다. 공간을 잘 이용하는 것도 의사-환자 관계를 증진시킨다. 눈높이를 맞추어 환자와 수직 공간 거리를 최소한으로 줄이고, 수평 공간은 너무 가깝거나 멀지 않도록 적절하게 유지하는 것이 좋다. 일반적인 진료에서 환자가 심리적으로 편안하게 느끼는 거리는 60~150cm 정도로 알려져 있다.

　비언어적인 의사소통은 1. 몸짓과 표정(kinesics), 2. 인간 공간학(proxemics), 3. 준(準) 언어(paralanguage), 4. 자율신경계 반응(autonomic output)의 네 가지로 나눌 수 있다(〈표 3-1〉 참조).

〈표 3-1〉 비언어적 의사소통

1. 몸짓과 표정(kinesics): 얼굴 표정, 몸짓, 접촉, 몸의 긴장도, 위치와 각도
2. 인간 공간학(proxemics): 공간적인 관계와 장벽
3. 준(準) 언어(paralanguage): 말투, 대화의 리듬, 크기, 강약, 말의 속도
4. 자율신경계 반응(autonomic output): 안면 홍조, 창백, 발한, 호흡과 동공 크기의 변화, 입 마름

　진료 상황에서는 비언어적인 라포(rapport)를 형성하고, 환자와의 공간을 조절하고, 혼란스러운 표현을 정리하는 순서로 비언어적인 기법을 적용하는 것이 좋다.

1) 비언어적인 라포 형성

　'두 사람 간의 비언어적인 일치(synchrony)'로 정의되는 라포는 행동으로 맞추어 주는 것과 이끄는 것(matching & leading)의 두 가지 부분으

로 구성되어 있다.

행동을 맞추어 주는 것(matching)은 그 사람의 정서적 상태를 반영하는 행동을 인지하고 그 사람이 하는 대로 움직여 주는 것이다. 환자의 얼굴 표정, 음량, 빠르기, 몸의 각도, 또는 몸짓들과 맞추어 움직이면 환자를 이해할 수 있다. 환자들은 무의식적으로 의사의 비언어적인 노력을 알아 차리고 이해를 받고 있다는 느낌을 갖게 된다. 환자를 존중하는 태도로 관대하고, 섬세하고 부드럽게 맞추어주려 노력해야 한다. 그렇지 않으면 환자는 도움을 받는다는 느낌보다는 작위적으로 동정받는 듯한 기분이 들 수 있다.

비언어적인 라포 형성은 환자로부터 언어적인 정보를 얻는 문진 과정 과 함께 일어나기 때문에 별도의 시간이 들지 않는다. 맞추어 주는 과정 을 이해하면 면담의 효과와 능률을 증가시킬 수 있다. 예를 들어, 환자가 뒤로 물러나는 자세를 취할 때 의사가 앞으로 기울여 주어 맞추어 주는 것([그림 3-1] 참조)이 라포 형성을 촉진시키며 환자가 이해받고 있다고 느 끼도록 돕는다.

[그림 3-1] 맞추어 주기(matching)

팔짱을 끼고 다리를 꼬거나 긴장하면서 방어적인 환자에게는 조심스럽게 팔이나 다리를 부드럽게 교차하여, 맞추어 주면서 환자의 방어적인 면을 받아들이고 인지한다. 의사가 너무 가까이 다가가면 개인 공간의 침입으로 해석하여 뒤로 물러서면서 방어적인 반응을 보일 수 있다.

이끄는 것(leading)은 맞추어 주면서(matching) 형성된 상호 간의 일치감을 이용하여 한 사람이 이끄는 행동에 다른 한 사람이 맞추어 반응하는 것이다. 이끄는 것은 환자가 반응을 성급하게 하거나 강요당한다는 느낌보다 의사와 함께 움직일 수 있게 해 주는 것이다. 이끄는 동작은 움직임, 어떤 몸짓이나 목소리나 호흡의 변화와 같은 행동 변화를 사용한다. 유도적인 동작을 취하여 환자를 이끌면서 무의식적으로 따라오는지를 지켜보는 것이 라포 형성 여부를 확인하는 검사가 될 수 있다. 환자가 이끄는 동작을 따라서 같은 방향으로 움직이거나 변화하면 라포가 형성되었다는 뜻이다. 의사가 코에 걸쳐 있는 안경을 위로 추켜올린다면, 환자는 무의식적으로 손을 올리거나 자신의 턱을 만지는 것으로 반응할 수 있다.

너무 성급하게 환자를 이끌어 라포가 깨지면 맞추어 주기로 되돌아가 라포를 회복시킬 수 있다. 환자의 사회력이나 성적인 병력과 같은 새로운 질문을 던지거나 약 복용, 시술, 의뢰와 같은 새로운 권고도 이끄는 것으로 받아들여질 수 있다.

2) 공간 조절

물리적 공간을 조정하는 것이 경청과 좋은 관계형성을 위한 환경을 만들어 준다. 공간 조절 요소들은 사람들 사이의 거리, 상하 높이의 차이(눕기, 앉기, 서 있기 등), 물리적 장벽(책상이나 의자의 크기, 차트, 침대 손잡이 등), 바라보는 각도(정면으로 마주 보기, 어깨와 어깨를 나란히 하기, 각도)가 있다.

면담 중에 너무 가까이 접근하면 환자는 자신의 공간이 침입되었다고 느끼며 다른 곳을 쳐다보거나, 팔짱을 끼거나 다리를 꼬아서 장벽을 만들고, 사적인 주제를 덜 개인적인 주제로 바꾸는 등의 방법으로 적절한 거리를 확보하려 할 것이다([그림 3-2] 참조). 환자와 너무 멀리 있으면 교감이 없어지고 무관심하다는 느낌을 줄 수 있다.

[그림 3-2] 거리 확보 노력

대부분의 환자들은 심신이 약하고 상처받기 쉬운 상황에 있으므로, 환자를 심리적으로 위축시킬 수 있는 수직적 높이의 차이를 고려하여, 의사가 환자와 같은 높이나 환자보다 낮은 위치로 옮김으로써 환자의 이런 느낌을 최소화할 수 있다([그림 3-3] 참조).

물리적 장벽은 의사가 감정적인 거리를 유지하려 하거나 솔직한 대화를 억제하는 효과가 있으므로, 장벽을 돌아가거나(책상 등) 없애든지(차트, 책을 들고 있거나, 팔짱을 끼고 있거나 다리를 꼬고 있을 때), 고정된 장벽이 있다면 언급을 하여 효과를 줄여야 한다. 장벽이 환자나 의사에게 필요한 안정감이나 보호받는 느낌을 제공해 주는 경우에는 그냥 두는 것이 좋다.

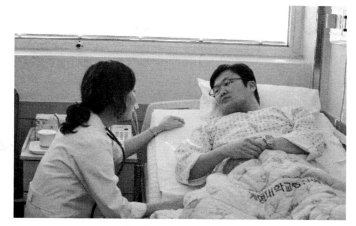

[그림 3-3] 높이 맞추기

　마주 대하는 각도는 면담 공간에서 중요한 요소다. 의사와 환자가 의견이 다를 때, 서로 마주 보고 있다면, 이런 각도 때문에 실제보다 맞서는 것처럼 느껴질 것이다. 의사가 이러한 각도를 이해하고 환자를 바라보는 각도를 달리하는 것만으로도 서로 직면하는 양상을 해소시킬 수 있다. 의사가 환자 옆에 나란히 위치하면, 서로 의견이 맞지 않아도 협력적인 분위기를 만드는 데 도움이 될 수 있다([그림 3-4] 참조).

3) 혼란스러운 표현을 정리하기

　환자의 언어적인 표현과 비언어적인 표현이 일치하지 않을 때, 비언어적인 표현이 환자의 실제 느낌을 더 잘 반영한다. 혼란스러운 표현은 환자가 의사에게 자신의 느낌을 표현할 만큼 충분히 안전하지 못하다는 것을 의미한다. 환자는 치료자와 의견을 달리하거나, 잘못된 치료를 하는 것이 아닌지 질문하고 싶거나, 인정하기 힘든 감정들이 있거나, 환자가 제어할 수 없는 감정에 압도당하고 있을 때 이러한 혼란스러운 표현을 할 수 있다.

[그림 3-4] 협력적인 위치

환자의 비언어적인 '거부(no)'의 표현은 이마에 주름이 생기고, 머리를 살짝 흔들고, 목소리를 높이고, 숨을 참고, 얼굴이 창백해지고, 근육 긴장도의 증가로 나타난다. 환자들의 언어적인 표현과 일치하지 않더라도 이런 거부의 표현을 이해하고 정리해야 하며, 그렇지 않으면 환자는 의사의 권고에 따르지 않을 수 있다. 의사도 환자에게 혼란스러운 표현을 보낼 수 있는데, 이러한 표현들을 인식하고 해명하지 않으면, 의사를 불신하게 되고 불안을 느낄 수 있다. 혼란스러운 표현을 하는 환자에게, 말하지 못한 감정을 표현하여 안정감을 주기 위해, '직접 지적하는 것'과 '다른 사람의 경우를 예로 드는' 두 가지 방법이 있다.

직접 알려 주는 것은 환자로부터 두 가지 메시지를 받았을 때 "약을 잘 먹겠다고 말하셨지만, 망설이는 것 같습니다. 걱정되는 것이 있으신지요?"처럼 솔직히 반영하는 것이다. 환자가 동의하면서 고개를 끄덕이고 편안히 이야기하면 감정이 일치된 것이다. 환자가 뒤로 더 물러나려고 한다면 '다른 사람의 경우를 예로 드는' 방법을 사용한다.

환자의 상태를 직접 언급하지 않고 "새로 약 먹는 것을 걱정하는 분들이 많습니다."처럼 다른 사람의 경우를 언급하여 질문함으로써 두려움을 줄이는 것이다. 이런 말을 하는 동안 고개를 끄덕이고, 한숨을 쉬거나, 안색이 편안해지고, 근육이 이완되는 것과 같은 동의를 뜻하는 비언어적인 표현이 나타나는지를 관찰한다. 만약 환자가 비언어적으로는 동의하면서 조용히 있다면 비언어적 표현을 살피면서 "처음 약을 드시는 분들은 부작용이나 치료비를 걱정하는 경우가 많았습니다."라고 말하여 걱정하는 것이 무엇인지 언급하도록 촉진할 수 있다. 이렇게 하면 환자는 자신의 걱정을 표현하고 다른 이야기까지 자세히 할 수 있다.

2. 공 감

공감(empathy)은 다른 사람의 감정 상태를 받아들이고 그 사람을 인정하고 이해하는 것이다. 공감을 통한 의사소통은 유익하고 의미 있는 편안한 행동이다. 부모가 실망한 아이의 기분을 이해하고 인정하며 받아들이는 것처럼 의사도 공감으로 의사–환자 관계를 형성하고 환자의 감정에 반응할 수 있다.

환자의 어려움에 대해 공감하며 대화하는 것은 가장 중요한 관계형성 기술이다. 공감의 기술은 대화의 기초를 자연스럽게 적용하여 환자가 진심으로 받아들이도록 하는 것이다. 비언어적 행동은 언어보다 효과적으로 공감하는 대화를 만들 수 있다. 편안한 눈 맞춤, 주의 깊은 침묵, 적절한 접촉은 환자의 고통을 마음으로 이해한다는 것을 표현하는 것이다.

다른 사람의 감정을 이해하고 교류하는 것이 타고난 능력이며 배우고 가르칠 수 있는 능력이 아니라고 믿는 사람들이 많다. 그러나 연구 결과는 임상 수련과정에서 감정 대응 기법이 호전되지 않으면 교육으로 공감 능력을 개선시킬 수 있다는 것을 보여 준다. 무작위 대조군 연구에서 특별 교육 프로그램이나 면담 워크숍에 참가한 학생과 전공의들은 공감능력이 개선되었고 환자의 치료 효과도 개선되었다.

대부분의 의사들이 상당한 공감능력을 가지고 있으나 기술을 추가로 배우게 되면 자연스럽게 임상능력의 향상으로 연결될 수 있다. 공감에는 반영과 정당화의 두 가지 방법이 있다. '반영(reflection)'은 환자가 느낀 감정을 의사가 표현해 주는 것이고, '정당화(legitimation)'는 감정이 이해되고 받아들여졌음을 확인해 주는 것이다.

1) 반 영

반영은 로저스(Rogers) 심리학파에서 나온 개념으로, 환자가 보이는 감정이나 느낌을 의사가 표현하는 것이다. 환자가 부모의 병에 관해 말하면서 슬퍼 보이면, "슬퍼 보이는군요."라고 환자의 감정을 반영할 수 있다. 이러한 반영의 표현은 의사가 환자의 감정 상태에 대하여 대화하고 환자가 자신의 감정을 더 잘 이야기할 수 있도록 도와준다. 환자의 감정 상태를 인지하고 반응하였다는 사실을 알려 주는 표현방법은 그리 중요하지 않다. 의사가 환자를 인간적으로 대하고 환자의 감정에 관심을 가진다는 것을 보여 주는 것이 중요하다. 반영 표현은 환자가 슬퍼 보이거나 눈물이 글썽이는 것을 발견한 즉시 해야 한다.

반영으로 환자가 심각한 표현을 하도록 격려하고 감추고 싶은 사적인 감정을 드러나게 하는 것을 겁낼 수 있으나, 공감은 환자가 느끼는 감정을 표현하도록 도와주는 것이 관계형성에 도움이 되고 면담의 효율을 증가시킨다. 진료에서 공감적 대화는 면담시간을 증가시키지 않으면서 환자 만족감을 높여 준다.

초기 반영은 환자에게 위협적이지 않고 쉽게 받아들일 수 있는 용어로 심각하지 않게 표현해야 한다. 환자가 준비가 되기 전에 의사가 감정 상태를 언어로 미리 심각하게 표현하는 것은 의사–환자 관계를 방해하고 죄책감이나 수치심을 유발할 수 있다. 화난 환자에게는 "매우 화가 났군요."라기보다 "좀 과민해지신 것 같군요."라고 약하게 표현하는 것이 낫고, 우울해 보이는 환자에게는 "절망하신 것 같군요." 보다 "조금 처져 보이는군요."라고 하는 것이 낫다.

환자가 자신의 감정을 말하려 하지 않으면, 의사는 이를 존중해야 한다. 그러나 의사 자신이 감정적인 문제를 피하고 싶은 것을 환자가 피하려 한다고 혼동해서는 안 된다. 의사가 환자의 감정 상태를 표현해 주지 않으면 환자는 이해받지 못했다고 생각하고, 이런 느낌이 의사-환자 관계형성을 방해하고 정보수집에 장애를 일으킨다. 감정 표현은 진단을 위한 정보수집을 위해서 필요하며, 의사에 대한 만족감을 향상시키고, 정신질환의 진단율을 높이고, 신체증상을 호전시키고, 의료소송을 줄인다.

한 번의 반영 표현으로 불충분한 경우에는 여러 번 사용할 수 있다. 감정을 표현하면서 어떤 감정은 변화하고 강도가 달라진다. 환자의 감정에 주의를 기울이는 것은 많은 시간이 걸리지 않는다. 정해진 면담시간에 표현하기가 너무 복잡하다면, 감정의 심각성을 말해 주고 다음 진료 시에 다루거나, 다른 전문가들(정신과 의사, 상담치료사, 사회사업가)에게 의뢰할 수도 있다.

2) 정당화

정당화는 반영과 유사하나, 환자가 경험하는 감정을 인정하고 존중한다는 사실을 지적해서 말해 주는 것이다. 의사는 환자의 감정 반응을 주의 깊게 들은 후 그 감정이 이해할 수 있고 타당하다는 것을 "그 상황에서 화나는 것은 당연합니다. …… 이해가 됩니다. …… 정상이지요." 등의 표현으로 알려 주는 것이다.

화를 내거나 불만을 가진 환자의 논리에 의사가 동조할 필요는 없다.

중요한 것은 환자의 입장에서 분노를 이해하려고 노력하는 것이다. 의사가 분노를 이해하면 이러한 이해가 환자에게 전달되게 된다. 의사가 환자의 분노에 공감하지 못하거나 불편해하거나 위협을 느낀다면 이것이 어려울 때도 있다. 슬퍼하거나 불안한 환자들처럼 분노한 환자에게도 반영과 정당화의 표현은 도움이 된다. 환자가 너무 오래 기다려 화가 났을 때, 다음과 같이 말할 수 있다. "너무 오래 기다리셔서 짜증이 나는 것도 당연합니다. 어쩔 수 없었지만 죄송합니다."

의료 과실이 없었지만, 사과를 요구하는 상황에서는 "실수했다고 생각할 수도 있고, 화를 내시는 것도 이해할 수 있습니다. 잘못된 것은 없었지만, 화나실 수도 있지요."와 같은 표현이 도움이 된다.

3. 개인적 지지

의사가 환자의 편에서 개인적으로 도와주기를 원한다는 사실을 알려주는 표현이 의사-환자 관계를 강화시킨다. "가능하면 도와 드리도록 하겠습니다." "도와 드릴 것이 있으면 말씀해 주십시오."와 같은 직접적이고 솔직한 개인적인 지지의 표현이 좋다.

4. 동반자 관계

환자는 의사와 동반자 관계가 되었을때 더 만족하고 처방을 더 잘 따르게 된다. 자신의 치료에 환자를 참여시키는 것이 질병 대처 능력과 호전 가능성을 높인다. "치료방법을 결정하고 함께 계획을 세워 봅시다." "검사 결과를 종합한 후에 해결책을 함께 찾아봅시다."와 같은 표현을 할 수 있다.

5. 존중

경청하고 비언어적 존중 태도, 시선이나 관심을 기울여 주는 것이 존중 기법이다. 존중 표현은 환자의 특정 행동에 대해 칭찬해 주는 것으로, 환자의 행동을 존중하고 정당화하여 행동을 강화시킨다. 존중의 표현을 자주하면 관계를 긍정적으로 만들고 환자의 비약물 치료(행동조절) 행동을 도와준다. 순응도가 낮은 환자에게도 성공적인 대처 능력에 초점을 맞추어 칭찬하는 것이 만족도와 순응도를 높인다. "혈압 조절을 아주 잘 하셨습니다." "당뇨병을 잘 이겨 내시네요." "힘든 상황에서도 잘 조절하셨군요. 대단하십니다."와 같은 표현들을 예로 들 수 있다. 그러나 솔직하게 하지 않으면 역효과가 날 수도 있다.

실습과제

1. 토론 사례 1. 다음 대화에 사용한 관계형성 기법은?

1) 환자가 말할 때 눈을 쳐다보며, 환자의 움직임에 따라 상체를 함께 기울였다. 환자가 가족 간의 스트레스를 이야기한 후 우울한 감정을 나타내어서, 자세를 맞추어 주었다.

   * _____

2) 환자의 눈 주위에 눈물이 비치는 것을 보았을 때

   의사: '지금 조금 슬퍼 보이시는군요.' 또는 '조금 슬퍼하시는 것을 이해합니다.'

* _____

3) 환자가 화가 난 것처럼 보일 때

   의사 : 그렇게 화가 나는 것도 당연합니다.

   * _____

4) 의사 : 가능하면 도와 드리고 싶습니다.

   * _____

5) 의사 : 함께 치료를 잘 해 보도록 합시다.

   * _____

6) 의사 : 혼자 계시는 힘든 상황에서도 약을 너무 잘 드셨네요.

   * _____

2. 토론 사례 2. 다음의 경우에 의사의 바른 대화법은?

1) 환자가 많아서 외래진료 대기시간이 길어진 환자

환자 : 좀 진료를 빨리 봐 줄 수 없어요?(짜증 섞인 목소리)
의사 : _____

2) 말기암 진단을 처음으로 통보받은 환자

환자 : 선생님! 왜 제가 이런 병에 걸렸을까요?
의사 : _____

3) 숨이 차서 검사했으나 이상이 없고 작년에 아버지가 심장마비로 사망했다
   고 말하며 매우 불안해하는 환자

의사: _____

참고문헌

Steven AC, Julian B. (2000). The medical interview: The three-function approach (2nd ed.). 김대현, 서영성, 김정범 공역(2002). 의학면담. 서울: 학지사.

Suchman AL, Markakis K, Beckman H et al. (1997). A model of empathic communication in the medical interview, JAMA 277: 678-82.

어려운 환자

한창환(한림대학교 의과대학)
선우성(울산대학교 의과대학)

➡ 학/습/목/표

1. 부적절한 질병행동(abnormal illness behavior)을 보일 때, 즉 불안이나 우울, 신체화 증상 호소를 지속하는 환자와의 진료에서 환자와 '관계형성'을 하고 '공감' 하며, 면담할 수 있다.
2. 화난 환자, 계속 고통을 호소하는 환자, 많이 질문을 하는 환자들을 이해하고, 면담할 수 있다.
3. 전화상담을 익숙하게 할 수 있다.

04 CHAPTER 어려운 환자

　어려운 환자(the Difficult Patient)란 의학적인 진단이나 치료가 어려운 환자가 아니라 의사가 다루기 힘든(Difficult to deal with) 환자라는 의미다. 이 장에서는 어려운 환자를 첫째로 불안, 우울 성향, 신체화 장애 환자 등 정신과적인 문제를 가지고 있는 경우, 둘째로 화난 환자 계속 고통을 호소하는 환자, 많이 질문하는 환자와 같은 일반적으로 대하기 어려운 경우, 셋째로 전화상담의 세 군으로 나누어 기술하도록 한다.

1. 정신과적인 문제(불안, 우울, 신체화 증상)를 가진 경우

　이들은 의사가 다루기 힘든 환자라는 의미이며, 생의학적 모델(bio-medical model)로는 환자가 부적절한 질병행동(abnormal illness behavior)을 보일 때이며, 정신과적 문제를 가진 경우로 볼 수 있다.

　진료 중에 나타내는 급성반응으로서 불안과 우울반응은 치료하여야 할 질병이나 손상이 아니라 타인(의사)의 이해를 받아 완화될 수 있는 증상이 대부분이다. 환자의 불안(두려움)이나 우울(슬픔)에 대해 의사가 보여야 할 가장 효과적인 반응은 '공감'이다. 신체화 증상 호소 환자에게 역시 공감은 중요하며 이 경우 반드시 필요한 것은 마음의 문제에 대한 '의사소통 기술'이다. 때문에 의사소통을 통해 치유력을 가지려면 올바른 '치료적 관계형성'이 필요조건이기도 하다.

1) 환자와의 '치료적 관계형성'

어려운 환자를 다루는 데 제일 중요한 것은 환자의 '치료 순응도'를 높이는 기법과 '치료적 관계형성(rapport)'이다.

라포란 상호 간의 믿음과 존경이 생긴 상태를 의미한다. 단순화시켜 예를 든다면, 의사 입장에서는 환자가 자신을 믿고 있으면 자신의 처방과 지시를 잘 따를 것이라는 믿음이 생긴 상태이고, 환자 입장에서는 의사가 자신의 고통을 이해하고 있으면 자신을 위해 신뢰할 수 있는 의학적인 처방과 지시를 하고 있다는 믿음이 생긴 것이라고 할 수 있다. 이는 언어뿐만 아니라 목소리, 어투 및 비언어적인 소통(신체언어)을 동원하여 원하는 반응을 이끌어 내는 능력으로 볼 수 있다. 흔히 의사소통의 언어 자체는 7%, 목소리 어투 억양은 38%, 비언어적 표현, 표정, 몸짓, 신체언어는 55%의 영향력이 있다고 알려져 있다.

(1) 핵심

라포 형성 기술에 있어서 핵심은 두 가지다. 하나는 상대방의 자세, 제스처, 말하는 패턴을 어느 정도 정확하게 인식하느냐 하는 것(이해)이고 다른 하나는 상대방과 잘 일치시킬 수 있는 기술이 얼마나 있느냐 하는 것(전달)이다.

치료적 관계형성은 다음 여섯 가지 요소를 가지고 있다.

- 환자와 의사의 치료 분위기를 편하게 할 것(at easy)
- 고통을 평가하고, 공감을 보여 줄 것(empathy)
- 병식을 확인하고 치료 동맹(therapeutic alliance)의 수준을 파악할 것

- 전문성을 보여 줄 것(expertise)
- 지도력을 발휘할 것(leadership)
- 공감, 전문성과 지도력 역할의 셋 사이에 균형을 이룰 것(balance)

(2) 면담과정

치료 관계형성을 위한 면담은 다음과 같이 진행하면 좋다.

의사는(당신은) 먼저 환자에게 이름을 밝히면서 인사한다. 미소를 짓거나 목례를 한다. 따뜻한 분위기로 자신의 역할을 소개한다. 이때 정중하고 친절하게 하며 환자가 편안하고 안락하게 해 주어야 한다. 면담의 목적을 설명한다. 병력청취와 검사를 하게 됨에 동의를 구하고 병력청취와 검사를 한 후에는 환자의 협조에 감사를 표현한다.

(3) 태도

다음과 같은 태도를 가지는 것이 공감형성을 위해서 필요하다.

- 의사는(당신은) 환자를 인간으로서 대함을 상기하라.
- 환자를 의사 자신과 같이 중요하다고 생각한다면 오산이다. 환자는 의사 자신보다 더 중요하다는 점을 인식하라.
- 의사의 경력, 전문성은 환자를 어떻게 잘 진찰하고 치료를 진행시키느냐에 달려 있다. 자격증, 감사패, 텔레비전 출연 사진이 아니라, 진료하는 동안 환자가 그 의사에 대해 좋다는 느낌이 들었는가다.
- 환자들이 치료를 받을 때, 당신을 선택한 것은 많은 선택 중의 하나일 뿐이라는 사실을 참조하라.
- 환자의 품위를 존중하라.
- 환자로부터 질문을 무시하지 마라. "더 해 줄 말씀 있으십니까" "혹시 질문할 사항 있습니까?"라고 묻고 대답 시간을 충분히 주며 기다

려라.

• (개별면담 후 필요 시에는) 내원한 배우자, 자녀, 부모와 면담의 필요성을 설명하고 동의를 구하고, 어떤 사실들은 가족과 상의할 것이라 밝혀야 하는 경우가 있다는 점을 상기하라.

(4) 공감

환자의 정서에 대해 민감하고 따뜻하게 이해심을 가지고 배려하고 신중히 한다. 환자 입장이라면 어떻게 느껴질 것이라는 점을 스스로 알아차리도록 애쓴다.

공감의 핵심은 '환자의 감정을 이해'하는 것뿐만 아니라 '이해한 것을 전달'하는 것까지 포함한다. 즉, 당신이 환자를 이해한 만큼 이를 전달하고 설명하는 것이 중요하다. 먼저 처음에는 느낀 감정이나 정서를 전달하고, 면담이 진행되면 환자가 처한 환경이나 정서 발생의 상황을 이해한 만큼 요약하여 전달하라. 전달 방식은 언어적 표현, 비언어적 표현 둘 다 필요하다. 그리고 "예, 맞아요!"라며 수긍하는 환자의 피드백 반응이 중요하다. 아니라는 부정적 반응은 공감 부족이나 치료적 관계형성 실패의 표시임을 알아차려야 한다.

환자는 의사들이 자신의 말을 듣지 않고 자신들이 이해받지 못하는 데서 불만을 가지기 때문에, 의사는 이 두 가지를 수행하여 환자를 최대한으로 공감하도록 노력하여야 한다. 모든 강한 감정의 근원은 가치관에 있음을 터득하고 '가치 중심의 의료(values based medicine: VBM)'를 지향해야 한다.

2) 불안을 보이는 환자

(1) 대상

불안을 보이는 환자들은 대개 다음과 같이 구분할 수 있다.

- 검사나 시술을 하기 전, 병력청취 중에, 병명을 설명할 때, 또는 수술을 앞두고 불안 상황이나 불안 증상을 일시적으로 보이는 경우
- 신체질환이나 환경의 스트레스로 인하여 불안 증상을 지속적으로 나타내 보이는 경우
- 신체질환 또는 환경으로부터 영향을 받아 개인적인 특성(취약성)에 따라 불안장애가 발병되어 불안한 경우

(2) 배경

환자의 불안(두려움, 공포)에 대한 가장 효과적인 반응이 공감임은 앞에서 설명한 바와 같다. 공감에서 가장 중요한 단계는 불안의 상황이나 근본 원인을 규명하는 것이다. 불안의 표현 배경에는 가끔 분노가 있을 수 있다. 자신이 관심받지 못하며, 잘 이해받고 있지 않다거나, 무시당했다는 인지작용에 의한 분노를 칭한다. 특히 의사를 향한 분노는 일종의 공격이며 의사도 동일한 분노를 느끼게 될 것이다.

"가슴 통증에 나이트로글리세린(nitroglycerin)을 먹어도 좋아지지 않아서 정말 많이 놀라셨군요?" 또는 "직장을 잃으셨다니 정말 슬프시겠습니다. 그 일을 정말 좋아하셨잖아요?" 와 같은 표현은 불안을 감소시키며 불안 발생을 예방할 수 있다.

불안은 사실 그가 앓고 있는 병 자체 때문만은 아니다. 불안은 그 개인의 오랜 역사를 통하여 이해하여야 한다는 사실 인식이 필요하다. 불안한 환자들의 일부는 신체증상 호소에 스스로 방어벽이 있어 진단과정이나

치료과정을 지연시키거나 왜곡시키는 경우가 종종 있다.

(3) 방법

자신이 격렬한 감정 표현(불안이나 초조)을 목격하고 있음을 인지한다. 만일 자신이 느끼고 있는 감정이 어떤 것인지 판단할 필요가 있다면 잠시 시간여유를 가져라. 고통스럽게 느꼈다면(일종의 역전이) 그 감정은 분노, 슬픔, 두려움, 양가감정의 변형일지도 모른다.

정서를 명명하되 환자에게 대항하는 것처럼 들리지 않도록 한다. 정신과적 진단명 사용을 금한다. 환자가 공포에 싸여 있다면 "불안해 보입니다."라는 말보다는 "무서웠군요!" 혹은 "꽤 두려웠겠어요?" 등으로 말을 건넨다. 감정에 진단명을 붙이는 것은 너무 과하고 너무 이르다. 환자가 의사의 해석을 거부하거나 수정할 수 있다는 사실을 알아야 한다. 환자의 감정을 정확하게 이해하지 못했다면 환자에게 그 감정에 대해 직접 물어보아야 한다.

(4) 사례

수술을 앞두고 환자가 긴장하고 겁에 질린 표정으로 있는 경우, 불안하게 하는 것이 무엇인지 밝히지 못하게 하고 불안하다는 말조차 하지 못하게 가로막으면서 진정시키고 위로하려고만 하는 경우가 종종 있다.

"아무것도 걱정할 것 없습니다."라고 말하거나 "아무 걱정 없이 주사만 한 대 맞고 푹 주무시면 모든 것이 끝납니다."라고 말하기도 한다.

환자에게 의사가 거듭 이야기하며 불안을 진정시키고 위로하려 하는 경우, 더 이상 불안에 대한 이야기를 할 겨를이 주어지지 않아 환자들은 실망하며 불안이 사라지지 않는다.

"지금 너무 겁을 먹고 있군요. 엄청 불안하시죠?" 하며 어깨에 손을 얹은 채 잠깐 동안 말을 하지 않았다면 오히려 이때의 침묵이 환자에게는 어떤 말보다도 더 큰 공감을 전해 효과가 있을 수 있다.

한편 환자는 MRI 촬영이나 수술실에 들어갈 때를 생각하여 공포감을 보일 수 있기 때문에 환자 입장을 더 들어 볼 필요가 있다. 무엇인가 말하려 할 때 무시하지 말고 하고 싶은 이야기를 다하도록 끝까지 경청함이 필요하다. 이유 없이 불안해하는 까닭이 상황을 왜곡한 결과인지, 과거 비슷한 상황에서 보였던 반응을 되풀이하고 있는 것은 아닌지, 의심해 보는 것이 방법이 될 것이다. 한참 후에야 2년 전 CT 촬영 시 두려웠던 공포 체험 상황을 말하거나, 폐쇄공포가 있다는 것을 말하는 경우가 있기 때문이다. 따라서 끝까지 경청하는 동안에 공감 태도를 유지함은 매우 중요하다. 환자가 폐쇄공포에 대해 이야기한다면 정신건강의학과 혹은 정신과 의사에 자문협진(consult-liaison)을 의뢰함이 현명하다.

불안한 환자의 경우 신체질환에 대해 치료 순응도를 검토하여야 한다. 위암 환자인 경우, 병을 아예 생각하지 않거나 대수롭지 않은 것처럼 생각하여 치료 일정을 망각하거나 지연시키고 피하는 환자도 있고, 병에 대한 불안으로부터 정서를 분리(isolation)시켜 병을 걱정하는 대신 다른 문제, 집의 깨진 창문 걱정, 자동차 고장, 돈 걱정, 병원 불친절, 심지어 세계정세 등을 지나치게 걱정하고 탓하며, 병을 직면하지 않고 치료과정으로부터 도피하는 환자도 있다. 불안해서 위장 증세의 증상 변화에 대해서는 이야기하지 않고 잠이 안 온다, 의사가 불친절해서 화가 난다 등 다른 호소로 위암의 경과 파악을 못하게 하는 환자도 있다.

(5) 불안장애를 가진 환자

일시적이거나 지속적인 불안 상태와는 달리, 신체질환 또는 환경으로부터 영향을 받아 개인적인 특성(취약성)에 따라 불안장애가 발병되어 불안을 호소하는 경우가 있다. 이를테면 범불안장애, 공포증, 광장공포증, 공황장애, 강박장애, 외상 후 스트레스 장애 등 다양한 병들이 이에 속한다.

불안의 내면에 분노, 공격성, 무기력, 갈등 등이 있는지 탐색이 필요하다. 환자는 자신의 무의식적 방어기제-억제, 분리, 부정, 취소, 전환, 신체화, 투사 등에 따라 다양한 증상을 나타내 보이기도 한다. 불안이 나타내는 역동, 즉 무의식(비의식)적 의미들은 다음과 같이 다양하다. 환자의 내면세계를 깊이 볼 때, 대상상실불안, 분리불안(어머니 보살핌), 사랑상실불안(거절불안 인정받기), 거세불안(남녀 역할), 초자아불안(양심), 실존불안(삶의 의미, 가치), 피해불안, 붕괴불안(자아 붕괴) 등을 구별하여 접근하며 그 수준에 적절한 공감을 하며 그 의미를 다룰 수 있어야 한다.

3) 우울한 환자

(1) 대상

우울을 보이는 환자들은 대개 다음에 속하며 서로 구분이 필요하다.

- 검사나 시술을 하기 전에 또는 신체질환 진단명과 예후를 설명할 때, 수술을 앞두고 우울 증상 또는 우울한 기분을 일시적으로 보이는 경우
- 신체질환 자체, 진단이나 치료과정에서 우울 증상을 지속적으로 나타내 보이는 경우
- 신체질환 또는 환경으로부터 영향을 받아 개인적인 특성(취약성)에 따라 우울증이 발병되는 경우
- 우울하기 때문에 진료에 미치는 영향, 신체질환의 진단 지연, 치료 순응도 저조를 나타내는 경우

(2) 배경

환자가 운다면 어떻게 해야 하는가? 환자가 심한 걱정과 우울한 기분을

나타낸다면 어떻게 할 것인가? 모든 것이 잘 될 것이라고 하면서 환자를 서둘러 안심시키고 싶어 할 것이다. 그러나 이것은 별 효과가 없다. 환자들은 신체질환 그 자체와 치료과정에서 우울, 슬픔, 죄책감을 느끼고 죽고 싶다는 생각을 할 것이다. 의사는 이때 이러한 고통스러운 감정들로 힘들어 하는 환자들의 마음을 이해하고 함께 공감하여야 할 것이다. 그러면 환자는 나를 이해해 주는 선생님이라고 생각하면서 안심하고 신뢰하게 된다.

(3) 원칙

우울, 슬픔 등 환자의 정서를 명명하라. 환자에 대항하는 것처럼 들리지 않게 하라. 처음에는 우울이나 우울증이라는 용어보다는 "슬프군요." "슬픔이 크군요." "피로하고 의욕이 없어졌군요." 등 구체적 생활언어를 사용하여 편안한 가운데 공감하라. 우울함에 동반하는 신체증상이나 다른 정서 언어를 사용함이 편안함을 준다.

우울에 대해 이해하고 상황 파악을 하며 의사가 이해하고 있음을 전달·공감하고, 환자가 우울한 기분을 나타낼 때 곧 "아무것도 걱정할 것 없다."라고 말하거나 우울하다는 말조차 가로막으며 진정시키고 위로하면 오히려 더 불편해한다. 따라서 "안심하세요." "별것 아닙니다." 같은 위로는 가급적 피한다.

신체질환 그 자체와 치료과정에서 처음 생기는 두려움이나 슬픔은 치료하여야 하는 질병이나 손상이 아니라 타인에게 이해받음으로써 완화될 수 있는 증상이라는 인식이 중요하다.

이러한 두려움, 슬픔, 우울감이 오래 지속된다면 그것이 어떠한 종류인지, 어떤 의미인지 파악하고 이해하여야 할 것이다. 우울장애를 고려해야 한다면, 심리사회적인 면과 개인적인 취약성들을 충분히 고려하며, 진단 가능성이나 치료 기획을 솔직하게 설명해 주는 것이 필요하며, 정신건강

의학과 자문협진에 대한 언급도 조심스럽게 하는 것이 좋다.

(4) 방법

의사는 자신이 환자를 진심으로 이해하고 있다는 것을 환자가 알도록 해 주는 기회를 절대로 놓쳐서는 안 된다. 언어를 통한 의사소통은 물론이고 비언어적 의사소통을 포함한다.

우울 기분의 정도와 원인을 먼저 찾으려는 대화법은 부적절하고 우울 기분과 상황에 대한 공감이 우선이다. 그러면 자연스럽게 우울한 마음 이야기, 처해진 환경 상황에 대한 이야기를 나눌 수 있다.

강력한 감정은 전염성이 있다. 종종 의사들은 자신의 감정이 환자의 감정(특히 분노나 우울, 무기력)과 비슷해져 가는 것을 발견하는 데 이는 치료적 행위에 방해가 될 때가 많다. 때문에 환자 자신이 느끼는 감정을 잘 인식하여야 한다.

(5) 주의사항

- 큰 슬픔이나 불안에 압도되어 환자의 감정에 아무 반응도 하지 않는 것
- 환자를 이해하고 있음을 보여 주기 전에 조급하게 환자를 안심시키고 위로하려고 하는 것
- 환자를 이해하고 있음을 보여 주기 전에 조급하게 환자의 불안이나 우울의 정도를 확인하고 그 상황을 파악하고자 질문하는 것(증상의 범위, 근원, 파악, 분석보다 먼저 이해하고 공감하여 참여자임을 확인시킴이 의미가 있다. 즉, 참여적 관찰자를 원하는 바 관찰자보다 앞서 참여자임을 보여야 신뢰가 싹트고 믿음이 간다.)
- 그런 경험을 해 본 적이 없다는 이유로 환자를 이해하려 하지 말 것
- 기계적으로 반응하는 것(잠시 멈추어 생각하거나 상상하라.)

(6) 우울병인 경우

일시적이거나 지속적인 우울 상태와 달리, 신체질환 또는 환경으로부터 영향받아 개인적인 특성(취약성)에 따라 우울병이 발병되어 피로를 호소하는 경우가 있다. 이를테면 단극성 우울병, 양극성 우울병, 기질성정동장애, 기분부전장애, 순환성장애 등 다양하다.

우울병은 마음의 감기로 볼 수 있지만, 마음의 불치병이라 할 만큼 차이가 많음을 직시하라. 자살 사고, 자살 방법 마련, 자살 기도, 화병 환자의 내면 역동이나 분노, 공격성, 무기력, 갈등을 탐색하는 것이 필요하다. 의미 있는 대상의 상실, 양가감정, 적대감, 내향화, 자기애적 갈망, 좌절, 부정적 인지, 높은 초자아, 열등감, 낮은 자존감 등에 따라 무의식(비의식)적 의미들은 다양하다. 환자의 내면세계를 깊이 볼 때, 제일 중요한 것은 대상상실이며 분노의 행방이다. 그 수준에 적절히 공감하며 그 의미를 다룰 수 있어야 한다.

4) 신체화 증상을 호소하는 환자

(1) 대상

다음 세 가지 특성을 갖는다. 첫째, 신체질환으로 진단할 수 없는 많은 신체중상들을 가지고 있다. 둘째, 환자 스스로 인식하지 못하는 정신사회적 스트레스, 내면적 갈등, 정신건강 의학적인 문제점들을 가지고 있다. 셋째, 건강관리에 관심이 많다. 몸이 불편하면 의사에게 가야 한다고 믿는다.

(2) 배경

진단할 수 없는 증상을 호소하여 의사를 곤란하게 하는 환자들이 많다. 크론케(Kroenke)는 일차 진료에서 가장 흔한 증상의 약 30%는 진단할 수 없다고 하였다. 증상은 있으나 명확한 진단을 내릴 수 없는 환자들 그리고 자신의 정신사회적 고통이나 갈등은 축소시키면서 의료 서비스를 자주 이용하는 환자들은 전체 환자 중 10%를 차지하면서 실제 진료시간의 50%를 차지한다. 이들은 의사의 인내심을 시험하는 환자다. 만성이나 재발성 신체화는 급성 질환 모델로는 설명되지 않는다. 의사는 아무 이상을 발견하지 못하고 "당신은 아무 이상도 없습니다."라고 이야기하며 몇 개의 약물처방을 권하기도 하는데 이때 만성환자들은 좌절감을 느끼며 실망한다.

이런 환자들은 신체화 증상과 더불어 심리적인 문제들을 드러내기도 하지만 대부분의 경우 심리적인 문제를 호소하지도 않고 문제가 뚜렷하지도 않다. 그러나 모든 경우 의사는 환자의 정신사회적인 문제에 관심을 가져야 한다. 신체화 환자에 있어 고통은 삶의 표현방식 중 하나이기 때문에 의사는 환자에 대해 보다 많은 것을 알아야 한다.

(3) 원칙

신체화 환자 치료의 중요한 목표는 환자의 호소에 귀를 기울이고 고통을 덜어 주는 것이다. 환자의 호소는 전반적인 상태를 의미하기 때문에 환자의 근본적인 문제점을 정확히 파악하게 되면 환자를 이해하는 데 도움이 된다. 의사는 환자의 생각이나 감정, 가치관, 생활 방식을 알아야 한다. 즉, 의료커뮤니케이션은 병력을 수동적으로 알아내는 것이 아니라 증상에 대한 역사를 구성해 나가는 것이다. 이렇게 구성된 최종적 산물이 데이터베이스에 기록되고 자료로 구축되는 것이다. 그러나 신체화 증상을 호소하는 환자 경우는 그 환자의 삶에 대한 역사를 구성해 보는 작업이 필요하다. 따라서 심리사회적인 맥락, 가족 구조 내의 역동, 인생의 각 시기에 따른 인격 발달과 갈등에 대해 관심을 가져야 한다.

(4) 사례

내과적으로나 외과적으로 진단할 수 없는 증상들을 호소하며 의사를 곤란하게 하는 환자들이 있다. 이러한 증상들은 진찰이나 임상병리 검사 결과와 일치하지 않으며 증상이 쉽게 없어지지 않고 지극히 주관적이거나 비전형적인 증상을 호소한다. 정밀검사 후에도 이상을 발견할 수 없어 이를 설명해 주면, 이러한 환자들의 대부분은 안심하지만 일부 환자들은 여전히 걱정하고 불안해하며 이 자체에 스트레스를 받기도 한다. 아무 이상이 없다거나 병이 없다고 하면 답답해하며 다른 병원이나 의원을 찾기도 하며 건강 증진을 위해 보완 대체 요법을 찾기도 한다.

(5) 신체형장애인 경우

환자들은 심리사회적인 고통을 겪고 있으며 그것이 말로 표현되지 못하고 여러 경로를 통하여 신체증상으로 표현된다. 이를 신체화(somatization)라고 하며 이들을 신경정신과나 정신건강의학과에서는 ICD-10 분류에서 신체형장애(F45)로 분류하며 신체화장애, 미분류된 신체화장애, 건강염려증장애, 자율신경부전증, 지속적 신체형 통증장애, 기타 신체형장애, 비특이성 신체형장애 등에 속한다. ICD-10에서는 전환장애 혹은 신체이형장애와 구별하므로 감별하여야 한다.

신체화 환자를 접한 의사들은 질병의 객관적인 증거와 증상이 비례하지 않는데, 이러한 증상들이 시간이 지나면 저절로 없어지는가? 하는 생각을 하지만 저절로 없어지지는 않는다. 그 결과, 의사들은 내가 진단하지 못한 숨은 병이 있는 것은 아닌가? 하고 불안해하면서 검사에 의존하게 되고, 환자들은 이상을 발견하지 못하고 진단이 없으므로 의사쇼핑을 하게 된다. 명확한 생의학적 진단(biomedical model)이 없으면 생물심리사회적 모델(bio-psycho-social model)로서의 진단을 고려해야 하며 정신건강의학과에 자문협진을 검토하는 것이 환자를 도와주는 것이다.

2. 대하기 어려운 환자

1) 화를 내는(분노) 환자

의사들에게 "어떤 환자가 어려운 환자인가?"라고 물어보았을 때, 대답의 50% 정도로 1위를 차지하는 환자가 '화를 내는 환자'다. 환자가 화를 낼 때는 대부분 이유를 가지고 있다. 통증이나 질병 자체가 이유일 수도 있고, 시간이 많이 지체되었거나, 불친절한 대우를 받은 것처럼 실제로 화가 날 만한 여건일 수도 있으며, 의사 자신에게 잘못이 있을 수도 있다. 또, 평소의 열등감이나 자제력 부족이 진료실에서 폭발했을 수도 있다.

화가 난 환자를 대하는 바람직하지 않은 대화법들이 있는데, 첫째는 환자의 화를 무시하는 것이고, 둘째는 화내는 사람을 회유하여 진정시키려 하는 것이고, 셋째는 같이 화를 내는 것이고, 넷째는 환자의 화에 대하여 성급하게 정당하다고 인정해 주는 것이다. 반면 화를 내는 환자를 대하는 효과적인 대화법이 있는데, 그것은 화내는 환자의 말을 경청하여 상황을 이해하려고 노력하고 무엇보다 공감(empathy)하는 것이다. 공감에서 중요한 단계는 화내는 원인을 규명하는 것과 공감을 표현하는 것이다.

> 환자: 요즘 같은 때 이렇게 환자를 무시하는 병원이 다 있어?
>
> 의사: 천천히 앉아서 말씀해 보시지요. 왜 무시당했다고 생각하셨지요?
>
> 환자: 아니 접수대에서 차례를 물었는데 담당자가 내 얼굴은 쳐다보지도 않고 아직 멀었으니 가서 기다리라고만 하지 않습니까? 진료시간도 이미 20분이나 지났는데……
>
> 의사: 아 그랬군요. 눈을 마주치지 않고 그렇게 이야기하면 당연히 기분

이 나쁘지요.

환자: 그래서 제가 소리를 좀 질렀습니다. 아, 참, 이거 혈압이 좀 오르겠
는데요.

분노의 원인이 의사 자신일 경우라면, 그 분노가 타당한가 생각해 본
후 만약 그렇다면 사과하는 것이 좋다.

의사: 왜 그렇게 화가 나셨습니까?

환자: 벌써 1시간이나 기다렸단 말입니다. 오후 약속 시간에도 늦을 것
같아요.

의사: 아이고, 죄송합니다. 제가 워낙 환자를 늦게 보다 보니…….

환자: 환자들의 말을 다 들어 주시니까 그렇지요, 뭐.

환자의 입장에 공감하고 도와줄 의향이 있음을 표현하는 것이 중요하다.

2) 계속 고통을 호소하는 환자

만성적인 통증을 호소하는 경우에는 뚜렷한 원인이 되는 만성질환이
있을 수도 있고 없을 수도 있다. 하지만 일단 증상이 6개월을 넘는다면 환
자의 기능은 생물학적 원인보다는 정신사회적인 원인에 의해 영향을 받
는다고 할 수 있다. 이런 환자들의 특징은 비특이적이고 통증 이외에도
다양한 많은 증상들을 가지고 있으며, 의사를 자주 만나야 한다고 생각하
고, 좋아지는 경우가 거의 없으며, 의사들에게 별로 고마워하지 않는다.
이런 환자들을 대할 때 의사는 증상에 관심을 두지 말고 환자의 기능을
향상시키는 데 초점을 맞추어야 한다.

환자의 고충을 잘 이해하고 있다는 사실을 알려 주고, 끊임없이 원인을

찾으려 하되, 생각을 바로잡아 주도록 노력하고, 비록 통증 자체를 줄여 주지 못하더라도 통증에 대한 반응을 호전시켜 주도록 노력한다. 크리스 틴센(Christinsen)은 만성통증에 적용할 수 있는 간단한 정신치료법 (SPEAK)을 개발하였다. 매일 계획(Schedule)을 세우고, 즐거운(Pleasur-able) 일을 계획하며, 규칙적으로 운동(Exercise)하며, 자신을 가지고 (Assertiveness), 걱정보다는 호의적인(Kind) 생각을 하라는 내용이다.

> 환자 : 요즘은 너무 아파서 청소도 제 스스로 못합니다. 사람을 구해서 하고 있어요.
>
> 의사 : 정말 힘드시겠습니다. 그 통증이 빨리 나아야 할 텐데…….
> 그러면 증상이 조금 괜찮을 때, 책상 위 정리만 한 번 해 보시겠습니까? 아니면 옛날처럼 집 주변 공원을 가볍게 산책해 보시던지요.

3) 말이 많은 환자

말이 많은 환자들은 기회만 있으면 대화의 주도권을 쥐려고 하며 많은 양의 이야기를 하지만 그 대부분의 정보들은 논리적이지 못한 것들이다. 이야기를 듣다 보면 한 증상을 논하다 금방 다른 증세로 넘어가며 중요치 않은 정보들을 길게 이야기하며 시간을 끈다. 질문하거나 이야기할 내용의 목록을 한 페이지 가득 적어 오는 환자들도 있다. 말이 많다는 것 자체가 조증이나 혼돈 상태라는 단서일 수도 있다.

이렇게 말이 많은 환자에게 한동안 이야기할 자유를 주고 기다렸는데도 초점을 찾지 못하고 있다면, 의사는 정중하게 환자의 말을 끊고 의사가 원하는 것을 요구하여야 한다.

> 의사 : 저는 환자분의 흉통이 어느 때에 잘 생기는가 들으려고 하였는데,

지금 환자분은 흉통 이야기에서는 너무 멀어진 것 같습니다. 다시 흉통으로 돌아가 볼까요?

이렇게 한 후에 의사는 좀 더 집중된 직접적인 질문을 통해 대화를 주도해야 한다.

의사: 이번에는 제가 물어보겠습니다. 그러니까 빠른 속도로 등산하실 때는 오히려 가슴이 아프시지 않다는 거지요?

이런 환자들에게는 환자들의 이야기를 요약하여 이야기하여 그동안 경청했음을 보여 주고, 의사들이 통상적으로 사용하는 적극적 청취술은 사용하지 않도록 한다.

3. 전화상담

전화상담은 미국에서 의사들의 일차 진료 중 20%를 차지하며, 국내의 진료환경에서도 점점 그 범위가 넓어지고 있다. 행정적인 문제, 검사결과의 확인, 경미한 문제의 질문 및 해결, 급만성질환에 대한 교육이나 추가 조치 등이 전화상담을 통하여 이루어질 수 있는 일반적인 진료에 속한다.
전화상담 전에는 모든 환자의 정보가 준비되었는지 확인하고 통화를 한다. 전화상담 시에는 환자를 직접 볼 수 없으므로 제일 먼저 환자를 확인하는 절차를 거친 후 상담에 들어가도록 한다.
전화상담에도 일반적인 의사소통 방법의 핵심기술이 사용되지만 몇 가지 차이점이 있는데, 가장 중요한 차이는 시각적인 정보가 없으므로 정보 자체가 부정확할 수 있고, 파악하기 어렵다는 점이다. 아픈 사람을 대신

해서 다른 사람이 전화하였을 경우에는 더욱 그러하다. 따라서 전화상담
이 정확하고 효과적이기 위해서는 적극적 청취술을 더 열심히 사용하여
야 하는데, 특히 탐구형반응과 촉진하기를 자주 사용하여 정보를 늘리고,
명료화반응을 적시에 사용하여 내용을 정리하여 나가야 한다. 전화 통화
를 하는 사람이 환자 자신일 경우에는 억양, 어조 등의 부언어적 의사소
통을 통하여 환자의 심리상태나 증상의 경중을 간접적으로 평가할 수 있
다. 치료 계획이나 행정적인 문제에 대한 정보를 주는 경우에는 1회 이상
반복하고 요약하는 것이 효과적이며, 중요 사항은 환자에게 대화 내용을
따라하게 하도록 한다.

　전화상담은 환자에게는 접근이 용이하고 방문 시간과 비용을 줄일 수
있으나, 의사로서는 판단이 부정확해질 수 있으며, 자칫 본 목적과 달리
시간이 길어질 수 있다는 단점이 있다.

　또, 면담내용을 정확하게 기록하는 것이 매우 중요하다.

　진료 후 환자의 상태를 전화로 관리하는 것은 환자 만족도를 높이고 좋
은 라포를 형성하는 데 효과적인 방법이다.

　(금연 상담과 약물처방을 한 지 3일 후에 전화를 하여)

　의사 : ○○○ 씨세요? 담배 잘 끊고 계신가요?

　환자 : 담배 생각이 아주 간절하네요. 하지만 아직까지는 잘 참고 있습니다.

　의사 : 정말 장하시네요. 삼사일 정도만 더 지나면 지금보다 훨씬 나을 겁
　　　　니다.

　환자 : 네. 바쁘실 텐데 전화까지 주셔서 정말 감사합니다. 이번 기회에
　　　　담배 꼭 끊어야겠네요.

실습과제

1. 어려운 환자를 상담하는 역할극 시행하기

환자 역할은 훈련된 표준화 환자가 바람직하나, 표준화 환자를 이용할 수 없는 경우에는 면담사례 비디오를 보여 주고 2명씩 짝지어 역할극으로 번갈아 실습한다.

1) 수술을 앞두고 긴장하고 불안해하는 환자

2) 주요 우울증(major depression) 환자

3) 신체화장애(somatization disorder) 환자

4) 진료 순서가 바뀌었다고 화를 내는 외래 환자

5) 계속적으로 질문을 반복하고 진료에 불필요한 호소가 많은 환자

참고문헌

박주성(2007). 의사소통과 면담. 대한가정의학회 편. 최신가정의학. 서울: 한국의학, pp. 157-63.

Billings JA, Stoeckle JD. (1989). The clinical encounter. Chicago: Year book medical publisher, Inc., pp. 175-8, 182-5.

Brock CD, Salinsky JV. (1993). Empathy: an essential skill for understanding the physician-patient relationship in clinical practice. Fam Med, 25: 245-8.

Lipp MR. (1986). Respectful treatment: a practical handbook of patient care. New

York: Elsevier Press.

Maguire P, Pitceathly C. (2003). Managing the difficult consultation. Clin Med, 3: 532-7.

Platt FW, Gordon GH. (2008). Field guide to the difficult Patient interview (2nd ed.). 이영미 외 공역(2008). 어려운 진료 상황에 대처하는 의사소통 실전 가이드. 서울: 청운, pp. 74-83, 227-32, 325-8.

Silverman J, Kurtz S, Draper J. (2010). Skills for communicating with patients. 박기흠, 성낙진 외 공역(2010). 환자와 의사소통하는 기술. 서울: 동국대학교출판부, pp. 340-3.

제**2**부

진료과정에 따른 면담기법
MEDICAL COMMUNICATION

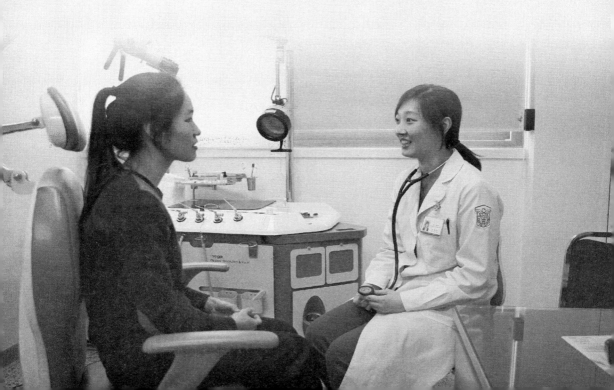

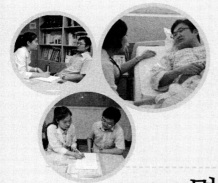

05

면담 시작과 병력청취
임상추론

안지현(중앙대학교 의과대학)
윤창호(경북대학교 의학전문대학원)

➥ 학/습/목/표

1. 적절한 면담 시작을 통해 초기에 바람직한 의사-환자 관계를 형성할 수 있다.
2. 병력청취의 기본 과정을 이해하고 다양한 주소에 따른 병력청취를 수행할 수 있다.
3. 병력청취를 통한 임상추론 과정을 이해할 수 있다.

05 CHAPTER 면담 시작과 병력청취: 임상추론

면담은 의사가 환자와의 대화를 통해 환자가 갖고 있는 문제를 파악하고 질병의 원인을 찾는 중요한 방법이다. 병력청취 모델은 점차 환자 중심으로 변화해 왔으며, 질병의 생의학적(biomedical) 측면과 환자의 심리사회적(psychosocial) 측면 모두를 평가하는 방법으로 발전해 왔다.

1. 면담의 시작

면담의 시작은 준비 단계, 초기 관계 설정 단계, 그리고 환자의 문제와 걱정을 확인하는 단계로 이루어진다. 준비 단계에서는 면담이 방해받지 않는 조용한 환경을 마련한다. 환자들이 편안하게 느끼면서 의사로서 진지하면서도 신뢰감을 줄 수 있는 전문적인 이미지의 복장과 용모를 하는 것이 바람직하다.

초기 관계 설정 단계에서는 환자에게 가볍게 목례를 하고 자신을 "저는(학생)의사 ○○○입니다."라고 소개하며, 앞으로의 면담에 대한 전반적인 계획을 알려 준다. 또한 환자를 처음 만났을 때 환자의 이름을 듣고 기억한다.

환자의 문제와 걱정을 확인하는 단계에서는 "어디가 불편해서 오셨나요?"와 같이 개방형 질문으로 시작한다. 이때 환자가 이야기하고 싶은 문제와 걱정이 여러 가지일 수 있으며, 그 중요도가 의사가 생각하는 중요도와 다를 수 있기 때문에 중간 중간 환자에게 다시 구체적으로 질문하고, 가치 있는 정보라고 판단되면 다시 요약해 환자에게 확인을 구한다.

의료커뮤니케이션 시 항상 환자의 사생활과 자존감을 존중하며, 다른 사람이 듣지 않게 조용히 말하도록 노력해야 한다. 일부 환자들이 간혹 면담 도중 화를 내거나 짜증을 내는 경우도 있는데 의사는 항상 중립적인 자세를 취해야 한다.

질문은 간단명료하면서 환자가 알아듣기 쉬운 말로 하며, 전문의학용어의 사용은 삼간다. 또한 환자가 이야기할 때 관련 질문을 한다. 이때 환자의 이야기가 방해받지 않으면서 계속 진행하도록 하는 것이 좋으며, 간간이 질문하는 것도 좋다. 일부 환자들은 반사적으로 의사의 제안에 동의하므로 유도형 질문은 피하도록 주의한다.

팔짱 끼기, 다리를 떨거나 꼬고 앉기, 볼펜을 돌리거나 소리를 내는 것, 자주 시계를 쳐다보기와 같은 행동은 삼가고 의사보다 환자가 어리다고 함부로 반말을 하지 않도록 한다. 환자가 말하는 도중 중간에 갑자기 끼어들어 말을 끊고 질문을 하지 않도록 한다. 시간에 쫓겨 의사만 말하지 않도록 주의하고, 환자의 말을 경청하여 무의미하게 같은 질문을 반복하지 않도록 주의한다. 환자와 눈을 맞추고, 환자가 말하는 중간중간 고개를 끄덕이거나 "네." 또는 "그러신가요?"와 같이 반응을 보여 환자의 말에 경청하고 있음을 보여 주는 것이 좋다. 또한 환자를 너무 사무적으로만 대하지 말고 "많이 불편하셨겠네요." "그동안 많이 힘드셨죠?"와 같은 공감의 표현을 보여 주는 것이 좋다.

2. 병력청취

대부분의 환자에서 병력청취를 통해 진단에 접근할 수 있기 때문에 의료커뮤니케이션에서 매우 중요한 부분을 차지한다. 이 단계는 병력에 대한 정보를 모으는 과정으로 환자의 문제를 생의학적 측면과 심리사회적 측면에서 자세히 찾아나간다. 이때 환자가 이해하기 어려운 전문의학 용어는 삼가고, 개방형 질문과 폐쇄형 질문을 적절히 사용하며, 환자가 말한 내용 중 중요한 정보를 요약한다.

생의학적 측면에서 사건의 순서와 증상의 원인을 분석하는 것이 중요하다. 특정 장기에서 시작된 증상은 각각 전형적인 위치와 특징을 나타낸다. 가령 심장, 폐, 식도, 흉벽에서 기원한 흉통은 통증의 위치나 특징이 서로 다르다.

심리사회적 측면에서 환자에게 질병에 대한 생각, 걱정, 기대와 함께 환자의 문제가 삶에 미치는 영향에 대해 물어본다. 예를 들어, 두통에 대한 심리사회적 정보를 얻기 위해 "두통 때문에 가장 걱정되는 것이 무엇인가요?" "두통이 왜 생긴 것 같나요?" "두통 때문에 특별히 받고 싶은 치료법이 있나요?" "두통이 일상생활에 어떻게 영향을 미치나요?"와 같은 질문을 할 수 있다. 생의학적, 심리사회적 정보를 통합하면 질병의 진단과 치료 방침을 정하는 데 도움이 될 수 있다.

1) 주소chief complaint 조사

환자에게 의사를 찾은 이유를 환자 스스로 설명하도록 하며, 여러 이유 가운데 스스로 생각하기에 가장 걱정되는 증상 한두 가지가 무엇인지 확인한다. "어디가 불편해서 오셨나요?"라거나 "제가 무엇을 도와드릴까요?"와 같은 개방형 질문으로 시작할 수 있다. 이때 의사가 환자의 다른 증상들을 무시하거나 소홀히 여기는 것이 아니라 가장 중요한 문제가 무엇인지 먼저 파악하기 위해서라는 점을 이해시킨다. 간혹 환자 중에는 불편한 증상이 아니라 이미 가지고 있는 증상을 이야기하는 경우가 있다. "어디가 불편해서 오셨나요?"란 질문에 "당뇨병 때문에 왔습니다."라는 식의 대답을 하는 것이 아니라 이러한 진단을 받을 당시의 증상 경험을 말하게 하거나 이 질병 때문에 현재 불편한 것이 무엇인지 확인할 필요가 있다. 환자가 대답을 하면 병력의 중요한 핵심을 개방하기 위해 보다 직접적이고 구체적인 질문을 하는 것이 좋다. 개방형 질문으로 "정확히 무엇이 문제이신가요?" 또는 "그 증상이 어떻게 되었는지 말씀해 주실래요?"와 같이 물을 수 있다. "식욕이 없으시죠?"와 같은 폐쇄형 질문보다는 "식욕은 어떠세요?"와 같은 개방형 질문을 사용하는 것이 좋다. 또한 "구토나 설사, 변비는 없으셨나요?"와 같이 한 번에 여러 가지 질문을 하지 말고 한 가지씩 물어본다. 환자가 다소 불편해할 수 있는 민감한 질문을 할 경우 질문을 하는 이유도 함께 설명하여 오해가 없도록 한다.

2) 현 병력

현 병력에 대해 먼저 환자 스스로 설명할 수 있도록 개방형 질문을 한다. 이후 중요한 부분에 대해 좀 더 명확히 하기 위해 구체적으로 질문을 이어가거나 한다. 이후 할 수도 있다. 이때 환자가 진술한 순서대로 질문하도록 각각의 문제와 일치하도록 초점을 맞춰 질문을 하는 것이 바람직하다. 다만 환자가 급성 병색을 보이거나 응급상황으로 판단될 때에는 개방형 질문에 소요되는 시간을 줄이기 위해 좀 더 신속하게 질문하여 환자에 대한 평가와 처치가 빨리 이루어지게 할 수 있다. 환자의 증상에 대해 병력청취를 할 때 다음의 사항에 대해 구체적으로 질문해야 한다.

(1) 시간

증상의 기간, 지속 여부, 지속 시간 등에 대해 질문한다. "그러한 증상이 언제부터 시작되었나요?" "증상은 계속 있습니까, 아니면 간혹 있다 없어지나요?" "증상이 갑자기 생겼나요, 아니면 서서히 생겼나요?" "증상이 얼마나 오래 가나요?"

(2) 위치

환자가 통증을 호소할 경우 특히 위치에 대한 질문이 중요하다. 환자 스스로 아픈 부위를 직접 가리키도록 하는 것이 좋다. "배가 아프다고 하셨는데, 정확히 어디가 불편하신지 손가락으로 짚어 주시겠습니까?" 방사통의 유무와 그 위치도 확인해야 한다. "통증이 다른 곳으로 퍼져 나가지는 않나요?"

(3) 양상

통증의 성질을 무디다, 날카롭다, 욱신거린다, 조인다, 쑤신다, 뻐근하다 등으로 표현할 수 있다. 환자가 통증의 양상을 설명하기 어려워하는 경우가 많으므로 구체적으로 예를 들어 질문하는 것이 좋다. "가슴이 아프다고 하셨는데 어떤 식으로 불편하신가요? 바늘로 콕콕 찌르는 느낌이세요, 아니면 꽉 쥐어짜는 느낌인가요?"

(4) 정도

통증의 경우 그 심한 정도를 평가하기가 쉽지 않다. 이 때문에 환자에게 통증을 평가하는 숫자를 제시하기도 하는데 통증이 전혀 없을 때를 '0', 지금까지 경험한 최고의 통증 혹은 이 통증을 겪는 것보다 죽는 게 낫다고 생각될 정도를 '10'으로 하여 숫자를 선택하도록 하면 통증의 정도를 평가하는 데 도움이 될 수 있다.

(5) 관련 징후와 동반 증상

관련 증상을 물어보는 것은 진단에 중요한 정보를 제공해 줄 수 있고 환자의 상태를 관리하는 데 도움이 된다. "설사가 있다고 하셨는데 그 밖에 동반되는 다른 증상이 있나요? 배는 안 아프세요?"

(6) 상황

증상이 발생한 상황을 알아내는 것도 진단에 중요하다. "어떨 때 가슴에 통증이 생겼나요?" "설사를 시작하시기 전에 평소와 달리 특별히 드신 음식이 있나요?"

(7) 조절인자

무엇이 증상을 악화시키거나 완화시키는지에 대한 질문을 한다. 증상을 조절하기 위해 약물을 복용한 경험과 그 효과도 함께 확인한다.

(8) 영향평가 및 확인

환자가 호소하는 문제가 환자의 삶에 어떠한 영향을 미치는지 평가한다. 그리고 이전에도 비슷한 증상이 있었는지, 있었다면 그러한 증상으로 병원을 방문하였는지, 당시 어떠한 진단과 치료를 받았는지 확인하면 도움이 된다.

(9) 원인에 대한 설명

마지막으로 환자에게 지금 증상이 생긴 원인으로 짐작되는 것이 있는지, 가장 걱정되는 것은 무엇인지 물어보는 것도 유용할 수 있다. 이러한 질문을 통해 간혹 원인을 찾아낼 수 있으며, 의사는 환자가 필요로 하는 사항에 보다 접근할 수 있다.

3) 과거력

환자의 과거력은 현 병력과 관련지어 질문할 때 얻어지는 경우가 많다.

과거력에 대한 환자들의 기억에 차이가 많아 환자가 과거력의 상당 부분을 잊어버린 경우도 있고, 과거력이 현 병력과 상관이 없다고 생각해서 말하지 않거나 아예 이야기하고 싶지 않아 말하지 않을 수도 있으므로 환자가 진술한 과거력이 전부일 것이라고 확신해서는 곤란하다. 따라서 추가적으로 "미처 다 이야기하지 못한 과거 질환이 있는지 곰곰이 생각해 보세요."라고 하거나 "과거에 수술받은 적이 있으면 모두 다 말씀해 주세요."와 같이 개방형 질문을 하는 것이 좋다. 특히 진찰 중 환자가 설명하지 않은 수술 흔적이나 상처를 발견한 경우 이 부분에 대해 질문해야 한다. 입원병력이나 중요한 사고가 있었는지도 물어본다. 통증을 호소하는 환자에게는 통증 부위를 예전에 다친 적이 있는지 확인하는 것이 중요하다. 환자가 특정 질환이나 진단명을 이야기할 때는 단순히 받아 적기만 하지 말고 자세한 내용을 물어보아야 한다. 연고, 안약, 피임약 등을 포함해 복용한 약물이 있는지, 민간요법을 한 적은 없는지 확인한다. 알레르기가 있는지 물어보고 필요하면 피부반응검사 등을 할 수 있다. 감염병의 경우 여행력을 물어보는 것이 중요하며, 잠복기에 따라 질병의 원인을 추정하는 데 도움이 된다. 외국을 방문한 경우 위험요인에 노출된 적이 있는지, 예방접종은 했는지 물어본다.

4) 사회력

사회력을 통해 환자에 대한 정보뿐만 아니라 환자의 가치관, 주변 환경 등을 이해할 수 있다. 그런데 의사로서 의학적으로 필요한 궁금 사항과 환자에게 실례가 될 수 있는 부분 간의 경계가 모호하므로 주의해야 한다.

직업력으로 현 직업뿐만 아니라 과거의 모든 직업에 대해 물어보고, 현재 직업이 없을 경우 대부분의 시간을 무엇을 하며 보내는지 물어본다.

군 복무를 했다면 어디에서 근무했는지, 특별한 취미가 있는지에 대해서도 물어본다. 예를 들어, 특정 애완동물을 키우고 있다면 알레르기질환과 관련이 있을 수 있다(성적인 문제에 대한 질문은 제9장을 참조한다.).

흡연력과 음주력에 대해 질문하여 의존성을 파악하도록 한다. 환자들은 흡연이나 음주의 빈도와 양을 줄여 이야기하는 경향이 있다. 따라서, 좀 더 구체적으로 질문을 하도록 한다. 흡연의 경우 하루에 얼마나 많이, 얼마나 오랫동안 담배를 피워 왔는지, 금연했다면 언제부터 끊었는지 물어본다. 음주의 경우 일주일에 얼마나 자주, 한 번에 어떤 술을 얼마나 많이 마시는지, 주로 혼자 마시는지, 아니면 함께 마시는 사람이 있는지, 낮이나 밤, 아니면 하루 종일 마시는지에 대해서도 물어본다. 알코올의존증이 의심되는 경우 CAGE 면담을 시도하는 것도 도움이 된다.

C: "금주(cut down)해야겠다고 느낀 적이 있습니까?"
A: "금주의 압박을 받고 괴로워한(annoyed) 적이 있습니까?"
G: "자신의 음주에 대해 죄책감(guilty)을 느낀 적이 있습니까?"
E: "아침에 해장술(eye-opener)을 마신 적이 있습니까?"

환자의 교육 정도, 사회경제적 상태, 결혼 여부, 자녀 유무, 현재 함께 사는 가족이 있는지, 있다면 누구와 살고 있으며 자신에게 스트레스를 주는 사람이 있는지, 혼자서 목욕과 같은 일상생활을 수행할 수 있는지에 대해서도 물어본다. "제게 또 다른 고민거리가 있는지 말씀해 주실 수 있나요?"와 같은 질문을 통해 스트레스가 있는지 확인할 수 있다. 가임기 여성의 경우 몇 번 임신을 했고, 유산, 낙태 등이 있었는지 물어본다. 기타 규칙적으로 운동을 하고 있는지, 식사 습관은 어떠한지, 커피 등의 섭취 여부에 대해서도 확인한다.

5) 가족력

가족력의 청취가 중요한 이유는 다음과 같다. 첫째, 환자가 유전적 질환을 가지고 있을 수 있다. 둘째, 가족 중 관련 질병을 앓았던 사람이 있을 수 있고, 환자는 이를 자신의 질병과 관련지어 고민할 수 있다. 만성 기침을 호소하는 환자의 경우 기침의 원인을 폐암으로 돌아가신 아버지와 관련지어 생각할 수도 있다. 일반적으로 "가족 중에 특별한 질환을 가지고 계신 분이 있나요?"라는 질문을 할 수 있다. 환자가 호소하는 증상이 가족력과 관계된 질병의 증상이라면 동일한 증상을 호소한 가족이 있는지를 묻는 것도 도움이 된다. 필요할 경우 가계도를 그려 볼 수 있다.

3. 임상추론

임상추론 과정은 세 가지 단계로 나뉜다. 첫째, 임상적 의문을 정하는 것이고, 둘째는 정해진 임상적 의문에 답하는 데 필요한 자료, 사실과 단서를 수집하는 단계다. 세 번째 단계는 자료를 분석하여 임상적 의문에 답을 해 줄 가설과 진단을 세우는 단계다.

1) 환자의 의문 결정

환자의 의문은 크게 환자가 말한 의제, 환자가 말하지 않은 숨은 의제, 환자가 몰랐지만 의사가 알아낸 의제로 나눌 수 있다. 허리 통증을 호소하는 환자가 있다면, 요통의 경감이라는 환자의 의제와 함께 직장 결근용 진단서 요구라는 숨은 의제가 있을 수 있으며, 이때 환자의 혈압이 높을 경우 진단되지 않은 고혈압이라는 의사의 의제가 발견될 수 있다.

환자 중심적인 임상적 의문을 찾으려면 질병 외에도 환자가 느끼는 질병에 대한 이해가 있어야 한다. 첫째, 환자의 생각이다. 환자가 질병에 대해 어떤 의미를 부여하고 있는지, 자신에게 무슨 이상이 생겼다고 생각하는지 아는 것이 중요하다. "두통의 원인이 뭐라고 생각합니까? 혹시 최근의 생활변화와 두통 사이에 관계가 있다고 생각하십니까?" 둘째, 환자의 감정이다. 어떤 환자는 자신의 증상이 심각한 질병이 시작되는 조짐일지 모른다고 걱정하기도 하고, 질병을 부담과 책임으로부터 벗어날 기회라며 안도하기도 한다. "두통 때문에 가장 걱정되는 것이 뭔가요?" 셋째, 환자의 의사에 대한 기대다. 환자가 무엇을 원하는지 직접 물어본다. "특별한 검사를 하시길 원합니까?" 넷째, 환자의 삶의 기능에 미치는 영향이다. "두통 때문에 해야 하는데 못하는 일이 있습니까?"

2) 단서의 탐색

임상추론의 두 번째 단계는 자료를 수집하는 단계로서 환자의 병력과 진찰소견, 여러 검사를 통해 자료를 수집한다. 모든 자료에 대해 다음과 같은 세 가지 질문을 해야 한다. 믿을 만한 것인가? 관련이 있는가? 중요한가?

진단과정에서 여러 검사법을 선택하여 처방하고 이를 해석함으로써 잠정적인 진단 가설의 확률을 높이거나 낮추어 감별진단의 목록을 줄여 나간다. 이런 검사의 유용성은 검사의 민감도와 특이도로 결정된다. 병력청취와 신체진찰의 각 항목 역시 민감도(비정상 소견이 있는 환자에서 질병이 실제로 있을 확률), 특이도(정상 소견이 있는 환자에서 질병이 실제로 없을 확률), 정밀도(두 관찰자 간 우연하게 일치할 확률)가 존재한다.

3) 가설 설정

환자의 의문을 결정하고 단서와 자료를 탐색하는 매 과정마다 귀납적 추론을 통해 진단 가설이 설정된다. 또 세워진 가설에 대한 연역적 추론으로 다시 병력을 확인하고 새로운 단서를 탐색하는 과정이 순환하면서 가설은 더욱 좁아지고 검증된다.

실습과제

1. 역할극과 평가하기

3명씩 짝지어 환자(범불안장애 또는 공황장애), 의사, 실습평가자 역할을 한다. 진료 시작과 병력청취 과정에 필요한 평가표(checklist)를 만들어 역할극과 평가를 번갈아 시행한다.

참고문헌

김대현(2006). 의료커뮤니케이션: 세 가지 기능적 접근. 의료커뮤니케이션, 1: 1-6.

대한가정의학회(2007). 최신가정의학. 서울: 한국의학, pp. 45-58.

백미숙(2006). 공감적 경청의 자세와 주요 기술. 의료커뮤니케이션, 1: 18-26.

안지현(2010). 미리 보는 CPX. 서울: 이퍼블릭, pp. ix-xii.

Blundell A, Harrison R. (2009). OSCEs at a glance, Wiley-Blackwell (1st ed.), pp. 10-7.

Davey P. (2006). Medicine at a glance (2nd ed.) Wiley-Blackwell. 안지현 역

(2010). 한눈에 알 수 있는 내과학. 서울: 이퍼블릭, pp. 4-7.

Fauci AS, Braunwald E, Kasper DL et al. (2008). Harrison's principles of internal medicine (17th ed.). McGraw-Hill Professional, pp. 1-6.

Goldman L, Ausiello D. (2007). Cecil medicine (23rd ed.). Saunders, pp. 25-30.

Lloyd M, Bor R. (2009) Communication skills for medicine (3rd ed.). Churchill Livingstone, pp. 9-48.

Welsby PD. (2002). Clinical history taking and examination (2nd ed.). Churchill Livingstone, pp. 2-5.

06

환자 교육과
면담의 종결

강석훈(서울대학교 의과대학)
박일환(단국대학교 의과대학)

➡ 학/습/목/표

1. 환자 교육의 목적을 열거할 수 있다.
2. 맞춤형 환자 교육의 요건을 예시를 들어 설명할 수 있다.
3. 환자의 특성을 고려한 협상 전략을 세울 수 있다.
4. 종결대화의 기본 요소를 이해하고 효과적인 면담 종결을 수행할 수 있다.

06 CHAPTER 환자 교육과 면담의 종결

1. 환자 교육

1) 목 적

환자는 의사가 교육했다고 생각하는 내용의 절반 정도만 기억하고 있으며, 치료 계획에 환자가 협조한 경우에도 의사의 처방이 제대로 지켜지는 비율은 대략 22~72%라고 한다. 의료커뮤니케이션에서 환자에 대한 교육은 이래서 어렵고 힘이 든다. 그러나 다행히도 환자에게 치료에 대한 동기가 충분히 부여된다면, 교육의 효과와 순응도가 증가한다고 알려져 있다. 이런 까닭에 의사들은 단순히 환자에게 교육하는 수준을 넘어서야 하며 치료의 동기를 부여함은 물론 더 나아가 환자가 치료에 동참하도록 설득할 수도 있어야 하겠다.

2) 내용과 방법

환자 교육의 내용은 '약의 복용법에 대한 설명'이나 '자세나 습관의 교정에 대한 설명'과 같이 주로 정확한 치료를 목적으로 '정보를 제공'하는 것들이 대부분이다. 의료커뮤니케이션 중에 일어나는 이러한 환자 교육은 의사-환자 관계를 촉진시켜 의사의 긍정적 이미지 재고를 위해서도 바람직한 일이다. 그러나 실제 바쁜 진료 현장에서는 상당수의 환자 교육이 간호사에게 위임되거나 정보를 담은 안내문과 같은 매체를 통해서도 이루어지고 있으며, 최근에는 문자 메시지나 이메일 혹은 스마트폰이나 웹을 통한 동영상 파일로도 제공되고 있는 추세다. 비록 이런 간접적인 환자 교육 방식이 진료의 효율성을 높이고, 시간에 쫓기는 의사들의 편의를 돕는다는 장점이 있긴 하지만 실제 환자가 교육내용을 제대로 실천하고 있는지에 대해서는 누구도 장담할 수 없다. 오히려 그런 와중에 손해를 보고 있는 의사–환자 관계에 대해서는 아무런 언급조차 없는 것은 안타까운 현실이 아닐 수 없다.

자식이 천재가 아닌 이상 세 살배기 아이에게 구구단을 가르치는 것처럼 어리석은 일은 없다. 다시 말해 교사가 뭔가를 가르칠 순 있겠지만 학습자가 그것을 스스로 익히고 습득하지 못했다면 '교육'은 이루어지지 않은 것이며, 좀 더 심하게 표현하면 이때 교육은 아예 존재하지도 않는다는 말이다. 교사의 '가르치는' 행위와 학생의 '배우는' 행위가 같은 것이 아니라는 관점이다. 의사들의 환자 교육이 효과적이지 않은 이유가 바로 여기에 있다. 특히 환자들의 학력 수준이 높고 인터넷을 통한 정보검색이 발달한 우리나라의 경우, 의사가 환자의 교육 수준과 사전지식에 대해 고려하지 않는다면 큰 코를 다치기 일쑤다. 어떤 환자들은 특정 질병에 대해 오히려 의사보다 많은 지식을 가지고 있는 경우도 있다. 자칫 환자를 너무 쉽게 얕잡아 봤다가는 '전문성'에 기인한 의사직의 권위를 스스로 추락시키는 우를 범할 수 있는 것이다.

오늘날 환자 교육에 있어 환자의 입장과 시각을 고려하는 것은 특출한 명의(名醫)의 조건이 아니라 모든 의사들이 기본적으로 갖추어야 할 능력이 되었다. 하지만 맞춤형 환자 교육을 완성하기 위해서는 가치관을 고려하여야 한다. 20년 이상 다른 가정에서 살아왔던 남녀가 부부로서 함께 살기 시작하면서 가치관의 충돌을 경험하는 것과 별반 다르지 않다. 의사–환자 사이에서 가치관의 차이는 불필요한 오해를 초래함으로써 교육을 방해한다. 예를 들어, 의사가 소변검사하는 것을 불결하다고 생각하는 환자의 생각을 알 수 없다면 소변검사를 거부하는 환자를 이상하게 여기고 쓸데없는 논쟁을 벌여 의사-환자 관계를 불편하게 만들 수 있다. 결과적으로 효과적인 환자 교육은 물론이고 치료도 힘들어지게 되는 이치다. 환자의 가치관을 고려하는 것은 환자의 교육 수준과 사전지식을 가늠하는 것보다 어려운 일임에 틀림없지만 숙련된 의사일수록 이것의 중요성을 결코 간과하지 않는다.

3) 교육 전략

환자에게 발견된 문제들을 효과적으로 치료하기 위해서는 환자 교육이 절실하다. 그러나 "평양감사도 제 하기 싫으면 그만." 이라는 우리 속담처럼, 환자가 치료법을 알고 있더라도 치료를 받을 마음이 없다면 안 된다. 결국 환자 교육이 효과를 거두려면 동기부여를 통해 환자의 마음을 움직여야 하는 것인데, 이 때문에 환자 교육에서 빠져선 안 될 부분이 바로 교육 전략이다.

초보 의사들이 즐겨 사용하는 교육 전략은 '겁주기 법' 이다. 의사는 환자가 앓고 있는 질병을 진단하고 그 병명을 단순히 환자에게 통보함으로써 시행할 수 있다. 환자는 일방적으로 의사로부터 통보를 받으므로 심리적 약자가 된다. 이때 질병이 위중하거나 생소한 경우 혹은 치료방법이 어려운 경우, 환자는 두려움에 사로잡히게 되고 결과적으로 의사가 제시하는 각종 치료와 환자 교육에 더 잘 따르게 된다. '교육' 이라기보다는 '협박' 과 별로 차이가 없는 원시적 방법이다. '겁주기 법' 은 손쉽다는 장점은 있으나 자칫 환자에게 지나친 두려움을 불어넣어 의사-환자 관계에 악영향을 주거나 의사에게 권위주의적인 이미지를 덮어씌우는 폐해를 불러일으킬 수 있다. 우리나라 임상 현장에서 의사들이 가장 많이 사용하는 협상 전략이 '겁주기 법' 이라는 것은 무척 안타까운 현실이다.

　　의사 : 소화성 궤양이시네요.

　　환자 : 그게 무슨 병이지요? 암은 아닌 가요?(걱정스러운 상태)

　　의사 : 암은 아닌데…… 굳이 말하면 먼 친척쯤이라고 말할 수 있습니다.

　　환자 : (겁에 질린다) 그…… 그럼 어떻게 해야 하나요?

　　의사 : 일단 제 치료 방침을 따르십시오. 그렇지 않으면 안 좋은 일이 생
　　　　　길 수도 있습니다. 제 말이 무슨 뜻인지 아시겠죠?

　→ 일반적 형식 : "치료를 안 하시면 ~하게 되실 겁니다."

　　'겁주기 법' 보다 상위 단계에 있는 것으로 '달래기 법' 이 있다. 환자에게 적절한 치료방법을 제공한 다음, 환자가 이에 따랐을 경우 얻을 수 있는 이익을 강조하는 방법이다. 환자는 겁을 집어먹고 의사를 따르는 것이 아니라 스스로의 의지로서 치료에 동참하게 되는 점이 '겁주기 법' 과 다른 점이다. 그러나 만약 '환자가 의사의 설명을 잘 이해하지 못하는 경우' 혹은 가치관을 비롯한 다른 여러 이유로 '의사의 의견을 따르지 않는 경우' 에 '달래기 법' 은 그리 효과적이지 않다. 일반적으로 환자의 교육 수준이 높은 경우 '겁주기 법' 보다는 '달래기 법' 이 더욱 효과적이며, 반대로 환자의 교육 수준이 낮은 경우 '겁주기 법' 이 더 낫다.

　　의사 : 소화성 궤양이시네요.

　　환자 : 그게 무슨 병이지요? 암은 아닌 가요?(걱정스러운 상태)

　　의사 : 치료하면 쉽게 낫는 병이에요.

　　환자 : 어떻게 치료하죠?

　　의사 : 제 치료 방침을 따르십시오. 그러면 밥맛도 좋아지고 통증도 없으
　　　　　실 겁니다.

　→ 일반적 형식 : "치료를 하시면 ~하게 되실 겁니다."

'겁주기 법'이나 '달래기 법'보다 월등히 진화된, 고급스러운 방법이 바로 '공감 법'이다. 환자 교육에서 '공감 법'이란 환자의 처지에 대한 이해와 배려를 기반으로 한다. 환자에 대한 공감과 소통을 통해 자연스레 의사-환자 관계를 이용하여, 자발적인 참여를 이끌어 내는 것이 '공감 법'의 핵심원리다.

'공감 법'의 시작은 환자를 존중하는 것이다. 치매 환자라 할지라도 자신이 존중받지 못한다고 생각되면 의사의 권유를 받아들이지 않는다는 사실을 상기해야 한다. 원래 '공감(empathy)'은 다른 사람의 감정 상태를 받아들이고 그 사람을 인정하고 이해하는 것을 의미한다. '상대방에 대한 인정' 그것이 바로 '존중'이며 공감의 시작인 것이다.

공감의 두 번째 단계는 상대의 '감정'을 파악하는 것이다. 의사가 환자의 감정을 헤아리기 시작할 때, 환자는 의사가 단순히 자신의 신체적 질병에만 관심을 갖는 것이 아니라, 자신이 겪는 불안과 두려움의 감정까지 관심을 가진다고 느낀다. 이를 통해 환자는 의사와 소통한다고 느끼게 되며, 이러한 '소통감'을 매개로 바람직한 의사-환자 관계가 자연스레 형성된다. 이때 중요한 것은 환자의 '감정'을 단순히 파악하는 것으로 그치는 것이 아니라, 언어 혹은 비언어적인 적절한 방법으로 환자의 감정에 대한 의사의 반응을 적절히 표시하는 것이다. 예를 들어, 환자의 우울한 기분을 파악하고, 의사도 슬픈 표정을 지어 보이는 것이 그렇다. 그러나 간혹 환자에 대한 존중이나 환자의 감정 파악에 대한 수고 없이, 기계적으로 슬픈 표정을 짓는 의사들도 있는데, 이는 겉치레에 불과한 것으로 결국 환자는 이를 알게 된다. 마지막 단계로 의사는 교육내용을 전달한다. 이미 바람직한 의사-환자 관계가 형성된 다음이므로 의사는 자연스럽게 환자 입장에서 적절한 교육을 하게 된다. 이때 의사는 자기도 모르게 말투와 표정에서 정겹고 따뜻한 모습을 발견하게 된다. 결론적으로 '공감 법'이란 환자 스스로 의사가 진심어린 충고를 하고 있다고 느끼게 되면서, 의사가 권하는 교육내용을 받아들여 자기 주도적으로 행동 변화를 결심하게 되는 것으로 풀이할 수 있다. '공감 법'의 사용은 의료커뮤니케이션에 오랫동안 숙련된 의사가 사용할 수 있는 방법이며 초보 의사가 쉽게 이루어 낼 수 없다. '공감 법'을 자유자재로 구사하려면 의사 스스로 먼저 인간에 대한 깊은 이해를 해야 하고 지속적인 자기 성찰을 통해 인격을 도야하는 노력이 절실히 요구된다.

2. 대화 종결

1) 종결대화의 의의

의료커뮤니케이션 진행과정의 마지막 단계로써 대화 종결을 언급하고, 앞으로의 진료 계획에 대해 환자와 상의하는 과정이다. 대화 종결의 현상의 연구에서 화이트(White) 등은 진료시간이 평균 16.8분이었는데 대화 종결 시간은 평균 1.6분(범위 1~9분)이었으며, 86%의 경우에서 의사에 의해 종결이 이루어졌고, 21%에서 면담 초기에 언급되지 않았던 새로운 문제가 제기되었다고 하였다. 대화 종결 시에 의사의 면담 내용은 진단, 치료 계획 설명(75%), 다음 진료 단계를 위한 안내(56%), 진단이나 치료에 대한 정보 제공(53%), 환자의 이해 확인(34%), 환자의 추가 질문 여부 확인(25%) 등이었다.

종결대화의 성공은 종결대화 이전의 면담이 어떻게 진행되었는가에 영향을 받는다고 알려져 있다. 즉, 진료의 앞부분에서 환자의 신념과 염려를 충분히 수용해 주는 것이 순조로운 종결을 가능하게 할 것이다. 종결대화로 진행하기에 앞서 아직 해결되지 않은 문제가 무엇인가에 대한 열린 질문을 하는 것이 좋을 것이다. 면담의 여러 단계를 진행하면서 이정

표 세우기 등으로 앞으로 진행될 대화를 미리 예고해 줌으로써 환자는 자
신이 아직 말하지 않은 염려들을 시의적절하게 이야기할 수 있을 것이다.

2) 종결대화의 기본 요소

진료를 종결하기 위해 필요한 면담기술로서 첫째, 의사는 앞으로의 진
료 계획의 수립을 위해 환자와 다음 진료 계획을 합의하고, 예상치 못한
결과에 대한 예비적 설명과 그에 따른 대처 계획을 환자에게 설명해 주어
야 한다. 둘째, 다음 진료 계획에 대한 합의가 이루어지면 의사는 당일의
진료내용을 간략히 요약함으로써 진료대화를 종결한다는 것을 환자에게
언급해 주어야 한다. 또한 진료 종결에 대한 환자의 동의를 확인하고, 더
질문할 것이 없는지 물어보아야 한다.

3) 효과적인 종결대화

(1) 앞으로의 진료 계획하기

면담 종결을 위해 추구 진료 계획 논의 단계에서 의사는 환자와 다음
진료 계획을 협의하고 의사와 환자의 역할과 책임을 분명히 하여야 한다.
의사는 환자에게 결과를 어떻게 알려 줄 것인지, 그동안 무엇을 할 것인
지 명확하게 설명할 필요가 있다. 또한 환자가 동의한 치료 계획을 기꺼
이 따를 것인지 확인할 필요가 있다.

제가 ○○과에 의뢰서를 쓸 것입니다. 혈액 검사결과 이상이 있으면 진
료일자 이전에 전화로 알려 드리겠습니다. ○○과 진료를 받은 후에 의사
선생님께서 말씀하신 것을 저에게 알려 줄 수 있나요?

안전망 확보(safety netting)를 위하여 치료가 계획대로 이루어지지 않을 경우에 환자가 할 일, 의사에게 연락하는 방법, 특정한 상황 전개가 의미하는 것 등을 설명해 주어야 한다. 또한 치료와 관련된 부작용이 나타나면 언제 누구에게 도움을 받을 수 있을까를 설명하여야 한다.

(2) 적절한 종결 시점 확보하기

면담의 종결을 위하여 적절한 종결 시점을 찾는 것이 중요하다. 면담 종결은 5~10분이라는 제한된 외래 시간에 의해 의사 주도적으로 종결할 수도 있다. 그러나 환자의 사례에 따라서는 치료 방침을 정하기 위해 문진 및 진찰에 의한 임상 추론 과정에 필요한 시간에 차이가 있을 수 있으므로 종결 시점이 다를 수 있다. 가장 바람직한 종결 시점은 면담 종결에 대한 의사의 의사 표현이 있고 환자가 이를 공개적이든 암묵적이든 동의하는 시점에 이르는 것이다.

면담의 효과적인 종결을 위해 종결 시점에서 의사는 마지막 요약을 함으로써 면담 종결 의사를 밝혀야 한다. 즉, 진료내용을 요약하고, 치료 계획을 명확히 설명하고, 환자에게 질문 기회를 제공하고, 필요하면 의사의 설명 내용을 수정한다.

> 의사 : 지금까지의 진료내용을 요약하면 환자분은 체중 증가로 인해 작년에는 혈당 조절이 잘 안되었지만, 체중을 이전 수준으로 줄이면 혈당이 다시 만족스러운 수준으로 내려갈 것으로 생각합니다. 제가 말씀 드린 내용이 담겨 있는 식사요법을 위한 식단을 드릴 것입니다. 2개월 후 저에게 다시 오시면 혈당이 얼마나 잘 조절되고 있는지 확인해 드리겠습니다. 지금까지 진료한 것을 제가 요약해 드렸는데, 맞는지요?
>
> 환자 : 예, 맞습니다. 제가 말씀 드린 것처럼 혈당 조절이 잘 안 된 것은

제 남편이 심장발작을 일으킨 후에 제가 운동을 많이 하지 못한 것 때문이었습니다. 이제 남편이 많이 좋아졌으므로 제가 밖으로 나가서 많이 걸을 수 있을 것입니다.

또한 마지막 확인 질문을 하는 것이 필요하다. 의사는 환자가 진료 계획에 대해 동의하는지, 진료 계획에 만족하는지를 확인해야 하고, 환자에게 추가로 할 질문이 없는지 물어야 한다. 이때 기대되는 환자의 대답은 "아니요, 좋습니다. 진료해 주신 것에 감사하고, 제가 궁금한 것을 모두 설명해 주셨습니다." 이다.

실습과제

1. 분임토론 사례

면담을 유지하려는 환자의 욕구에 공감을 표시하고, 다양한 한계 상황을 들어 자연스럽게 종결하는 방법으로 종결대화를 구성해 보시오.

사례 6-1

의사: 지금 진찰을 해 보니까, 숨소리나 배 진찰에서 크게 나쁜 것 같진 않네요. 아무래도 담배를 피우시니까 기관지에 염증이 생겨서 가래는 많이 나오겠죠. 담배 끊는 게 쉽지 않으시죠?

환자: 아휴, 담배는 못 끊겠어요. 그래서 병원에 갈 때마다 담배 끊으라는 얘기를 들으면, 그때는 손가락 걸고 맹세까지 해도 정말 잘 안 되네요.

의사: 쉽지 않으시죠. 담배 끊는 문제도 도와 드리겠습니다. 오늘은 제

가 가래 나오는 것하고 속 불편한 것에 대해서 검사를 해 드리고
약을 드리면 좋겠는데요. 오늘 가래 검사를 하시고, 가슴 사진도
찍어 보시고 내시경 검사도 예약하고 그렇게 가시겠어요? 위내시
경 검사는 다음 주 수요일쯤 오시면 바로 검사하고 결과를 볼 수
있습니다.

환자: 그런데 다음 주부터 제가 일을 하게 되면, 하루 일을 공치고 오기
가 쉽지 않아요. 그때 가 봐서 또 오게 되면 오지요 뭐.

의사: 그럼, 오늘 위에 대한 약하고 가래에 대한 약을 보름치 드릴 테니
까 잘 드시고, 다음 주라도 내시경 검사를 받으실 수 있으면 꼭 해
보세요.

환자: 아휴, 나는 이렇게 가래 끓는 것 때문에 옆 사람들에게 민망해서,
이거나 빨리 좀 어떻게 해 주세요.

의사: ＿＿＿＿＿＿＿＿＿＿＿＿＿＿＿＿＿＿＿＿＿＿＿＿

참고문헌

대한가정의학회(2003). 가정의학 총론편(2판). 서울: 계축문화사.

Lloyd M, Bor R. (2008). Communication skills for medicine (2nd ed.). 김선, 박주
현, 허예라 공역(2008). 제2장 기본적인 의사소통 기술. 의료 커뮤니케이션
(2판). 서울: 아카데미프레스, pp. 12-36.

Meichenbaum D, Turk DC. (1987). Facilitating treatment adherence. New York,
Plenum Press.

Silverman J, Kurtz S, Draper J. (2010). Skills for communicating with patients. 박
기흠, 성낙진 외 공역(2010). 제7장 진료 종결하기. 환자와 의사소통하는 기
술. 서울: 동국대학교출판부, pp. 305-15.

Stewart M. (1995). Patient recall and comprehension after the medical visit. In: Lipkin M Jr, Putnam SM, Lazare A editors. The medical interview: Clinical care, education, and research. New York, Springer, pp. 522-9.

White JC, Rosson C, Christensen J, Hart R, Levinson W. (1997). Wrapping things up: a qualitative analysis of the closing moments of the medical vsit. Patient Educ Couns, 30: 155-65.

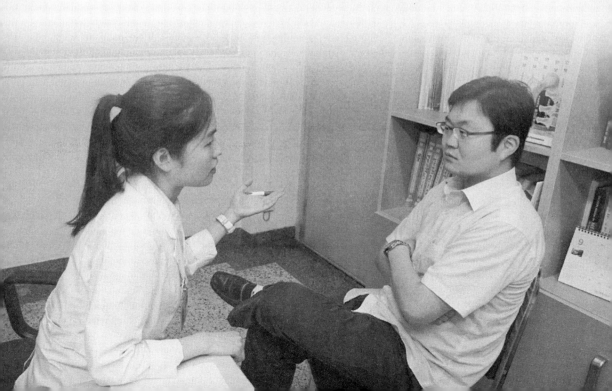

제**3**부

상황에 따른 면담기법

MEDICAL COMMUNICATION

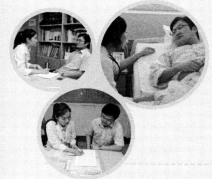

07

소아와 청소년 면담

임인석(중앙대학교 의과대학)
성낙진(동국대학교 의과대학)

•➡ 학/습/목/표

1. 소아 면담이 성인 면담과 다른 점을 이해한다.
2. 소아 면담에서 소아 환자의 적극적 참여를 권장하는 이유를 이해하고, 실제 면담에서 활용할 수 있다.
3. 소아 환자 병력청취의 특징인 삼자 면담에서 주의할 점을 이해하고 실행할 수 있다.
4. 청소년 환자 면담에서 주의할 점을 이해하고 실행할 수 있다.
5. 소아에게 직접 설명할 경우 주의점을 이해하고 실행할 수 있다.

07 CHAPTER 소아와 청소년 면담

소아청소년과 의사뿐만 아니라 여러 과 의사들이 소아와 청소년 환자를 만나게 된다. 따라서 의사는 소아와 청소년 환자를 진료할 때 이들을 배려, 이해하는 마음으로 면담하는 능력을 함양해야 한다. 소아와 청소년 환자의 진료에서는 대상자의 연령, 발달 수준, 서비스의 종류, 대상질환이 다양하며 이에 따라 강조하는 주제도 달라진다. 환자의 부모도 사회경제적 수준, 교육 수준, 문화적 배경이 매우 다양하므로 의사의 접근 방식도 이에 맞춰 준비가 되어 있어야 한다.

환자는 연령에 따라 신생아기, 유아기, 아동기, 사춘기 등으로 나뉘고 각 단계마다 심신발달 수준이 다르다. 소아청소년과에서는 진료 이외에 육아상담, 영양상담, 발달상담, 건강진단 등 소아의 건전한 성장을 위해 건강관리와 보건지도도 함께 시행한다. 소아보건 영역은 대상 소아의 건강 상태와 발육, 발달에 대해 보호자로부터 이야기를 충분히 듣고 평가하여 건강한 발육을 위한 정보를 제공하는 데 의의가 있다. 또한 선천적 이상, 유전질환의 진단과 치료, 유전상담도 중요하다.

소아 진료 시 소아와 의사 간의 소통뿐만 아니라 의사와 부모, 부모와 소아의 세 측면의 삼자면담이 이루어지는 것이 특징이다. 의사는 소아와 부모에게 동시에 관심을 갖고, 시간에 쫓겨 서두른다는 인상을 주지 않도록 해야 한다. 여유를 가지고 진료할 때 부모는 의사를 더욱 신뢰하게 되며, 부모가 편하게 느낄 때 소아도 의사를 편안하게 느낀다.

소아 진료에서는 몇 가지 애로사항이 있을 수 있다. '병력청취'에서는 대화할 상대를 결정해야 하고, '설명 및 계획하기'에서는 누구와 이야기하고 두 상대자의 생각이 서로 다를 경우 어떻게 해야 할 것인가와 같은 문제가 있을 수 있다. 그 밖에 용어에 익숙하지 않은 소아에게 설명하는 문제, 낯선 사람과 환경에 소아가 두려움을 느끼는 경우, 과거의 좋지 않은 경험으로 인해 검사에 응하려 하지 않는 경우, 통증이나 공포 때문에 소리를 지르거나 몸을 뒤트는 경우, 아동학대나 애정결핍과 관련된 증상을 보이는 경우 등 성인 진료에서와 달리 여러 상황을 만나게 된다. 따라서 소아 진료 시 면담은 전인적이고 포괄적인 접근이 필요하며, 소아 환자 및 그 부모를 포함한 다양한 연령층의 사람들과 원활한 의사소통이 요구된다.

1. 진료실 환경

소아 진료실은 따뜻한 색과 마음을 밝게 하는 그림으로 환하게 꾸미되 지나친 장식은 피하도록 한다. 환자 대기실과 진료실, 병실에는 소아가 좋아하는 장난감과 동화책, 작은 책상을 마련한다. 청진기, 이경 등의 일상적인 진찰에 필요한 기구 이외에 소아에게 겁을 줄 수 있는 다른 기구들은 두지 않는다. 소아를 주로 진료하는 의사들은 소아가 두려워할 수 있는 흰 가운 대신 색상이 있는 가운을 선호하며 청진기나 펜라이트에 장식을 하기도 한다. 진료실 근처에 수유와 기저귀를 교체할 수 있는 공간도 마련한다.

소아는 대개 참을성이 부족하므로 오래 기다리지 않도록 하며, 가급적 성인 환자와 섞이지 않도록 별도의 층이나 건물을 할애하는 것이 좋다. 또한 부모에게 소아 혼자 병원에 있지 않도록 설명한다. 환자의 개인 정보 보호는 소아에서도 중요하다. 진료하는 의사 외에 간호사, 병원 직원, 실습학생이 함께 있을 경우 환자의 사생활 보호가 어려울 수 있다. 환자

와 보호자가 동의하면 상관이 없겠으나 환자나 보호자가 의사에게 사생
활 보호를 요구할 경우 직접 진료를 하는 의사 이외에는 자리를 비켜 달
라고 요청할 수 있다.

2. 면담의 시작

소아와의 면담에서는 초기에 좋은 관계를 형성하는 것이 중요하다. 이
를 위해 의사는 소아의 인식 수준을 파악하고, 유연성 있는 자세를 갖는
다. 먼저 소아와 보호자가 진료실에 들어오면 미소로 맞이한다. 소아의
이름을 부르고 자리에 앉도록 권한다. 거리감을 느낄 수 있는 큰 책상을
사이에 두지 않고 보호자와 의사가 가까이 앉아 이야기하는 것이 좋다.
의사는 자신의 오른쪽에 책상을 위치시켜 마주 앉은 소아에게 쉽게 접근
할 수 있도록 하고, 왼쪽에는 보호자가 앉도록 한다. 눈높이는 소아와 같
거나 약간 높은 상태가 좋다. 소아의 연령에 맞는 언어를 사용하는 것도
좋으나 진지하게 진료가 이루어져야 하므로 농담은 자제하도록 한다. 내
성적인 소아를 진료할 때에는 신뢰감 형성에 시간이 더 많이 걸릴 수 있
다. 자주 보는 텔레비전 프로그램, 취미, 학교생활 등을 물어보면서 관계
를 형성할 수도 있다. 부모가 의사를 신뢰할 때 소아도 의사를 믿으므로
부모로부터도 신뢰를 얻도록 노력해야 한다.

3. 병력청취

영유아 환자와는 직접 대화가 어려우므로 병력청취는 보호자와 하게
된다. 대화가 가능한 소아 환자는 소아와 보호자에게 모두 정보를 얻도록

한다. 소아의 연령에 맞게 개방형 질문과 폐쇄형 질문을 적절히 사용해야 한다. 소아에서는 선택 가능한 폐쇄형 질문이 적합할 수 있고, 청소년에서는 스스로 설명하도록 하는 개방형 질문이 더 적합하다. 소아의 이야기는 표현력이 부족하더라도 간과해서는 안 되며, 보호자의 설명과 차이가 있어도 항상 소아 자신의 이야기도 경청해야 한다. 언어적 표현이 미숙한 연령에서는 신체언어와 같은 비언어적 표현으로 증상을 호소할 수도 있다. 가령 급성 중이염을 앓고 있는 소아는 직접적으로 귀가 아프다는 표현을 하지 못하더라도 다른 사람이 귀를 만지면 놀라거나 조심스럽게 자신의 귀를 만진다.

정신, 신체 또는 감정이 혼란스러운 소아는 따로 만나 보는 것이 좋다. 외상이 아닌 심리적 상처나 근친상간과 같은 문제는 소아가 부모와 함께 있는 경우 털어놓지 않는다. 따라서 소아가 걱정하는 것이 무엇이고, 다른 걱정거리가 있는지 물어볼 필요가 있다. 5세 이상의 소아가 직접 하는 이야기는 부모의 이야기보다 더 큰 도움이 될 수 있다.

어머니와 같이 항상 소아를 돌보는 보호자로부터 환자의 정보를 얻는 경우 환자(보호자) 중심적인 대화 접근 방식이 더 자연스럽고 효과적일 수 있다. 부모가 자연스럽게 자신의 방식으로 이야기하도록 배려하면 필요한 질문을 이끌어 낼 수 있다. 부모가 나름의 방식대로 이야기할 수 있지만, 의사는 항상 면담의 원래 흐름에서 벗어나지 않도록 주의를 기울인다. 임신 중 있었던 일, 사회경제적 배경, 부모의 성장기와 결혼생활에 관한 질문을 한다. 기타 소아의 출생 당시 상태, 생후 발육, 영양력, 예방접종, 가족력, 유전력 등의 정보도 자세히 얻도록 한다.

보호자가 매우 불안해하거나 당황한 경우, 또는 혼란스럽거나 피곤한 상태에서 면담하면 소아 환자에 대해 객관적인 판단을 하기 어려울 수 있다. 소아에게 처음 발열, 복통, 구토, 설사, 경련과 같은 증상이 발생하면 부모는 놀라서 어찌할 바를 모르게 된다. 이때는 부모로부터 우선 이야기를 들은 뒤 진찰하면서 시간을 벌어 의사에 대한 신뢰감을 높인 뒤 다시 이야기를 진행하는 것이 좋다. 의사가 침착한 모습을 보이면 부모와의 관계를 좋게 형성하는 데 도움이 된다. 부모가 무엇이든 궁금한 것을 물어볼 수 있도록 편안한 분위기를 만들어야 한다.

최근 소아 진료에서 심리상담을 활용하는 경우가 늘고 있다. 등교 거부, 신경성 식욕부진증, 심인성 반응 등에서 의사는 소아와 보호자로부터 정보를 얻을 뿐만 아니라 치료에 도움이 되는 상담을 시행한다. 이 경우 질환의 발병과 가족관계가 밀접한 관련이 있으며, 특히 어머니가 중요한 역할을 하는 경우가 많다. 상담을 포함한 심리요법은 소아 환자는 물론 가족에게도 필요하다. 심리상담이 필요한 경우 소아와 가족의 관계를 잘 파악하도록 노력한다. 부모가 어떤 성격인지, 양육태도는 어떤지(과잉간섭인지, 과보호인지, 방임인지, 무관심한지) 부모의 양육 방침이 서로 일치하는지 등을 분석할 필요가 있다.

소아의 발병 및 경과에 심리적, 사회적 요인이 영향을 주는 경우가 많다. 부모와 떨어져 생활하거나 부모의 이혼이나 재혼, 동생의 출생, 학교에서 선생님 또는 친구와의 문제, 집단 따돌림과 같은 인간관계가 영향을 줄 수 있으므로 이러한 상황에 대한 정보를 얻는 것이 중요하다. 소아는 성장 발달 단계에 있으므로 질환의 발병 시기에 따라 반응이 다를 수 있지만 성인에 비해 두려움과 좌절감이 심한 경우가 많다. 또한 집안 분위기가 질병의 발병 및 경과에 영향을 미치는 경우가 많다. 따라서 적절한 곳에서 질병의 원인에 대한 소아와 부모의 생각을 이해하고, 소아의 감정(예: 두려움, 상실감, 무력감, 자포자기)을 표현하도록 격려하는 것이 좋다. 소아의 의학적 문제가 사소해 보이더라도 부모 입장에서는 큰 불안 요인일 수 있으며 소아의 질병이 심각할 경우 부모는 매우 당황하게 된다. 이때 부모의 걱정과 기대를 적시에 인정해 주면 의사에 대한 신뢰도와 만족도를 높일 수 있다.

병원에서 소아는 불안한 모습을 보이거나 퇴행적인 행동을 하기도 한다. 이럴 때 의사가 소아의 감정 표현을 들어 주고 자신감을 갖도록 격려해 주면 문제 행동을 예방하는 데 도움이 된다. 소아는 발달 단계에 따라 질병의 원인에 대해 독특한 생각을 갖는 경우가 많으므로 이를 이해하고 대응해야 한다. 소아는 간혹 질병에 대한 책임을 자신에게 돌리거나, 본인이 저지른 잘못된 행동에 대한 대가로 질병이 생겼다고 생각하기도 한다. 의사는 소아에게 질병이 나쁜 행실로 인해 받는 벌이 아니며, 질병에 대한 책임도 소아에게 있는 것이 아니라는 점을 인식시켜 주어야 한다.

초등학교 고학년 이상의 소아는 정체성이 확립되기 시작하는 시기로 열등감, 죄책감을 느끼기 쉽다. 이 연령에서는 진료 시 태도나 말투, 분위기를 한층 더 배려해야 한다. 수치심이 강하고 정신적으로 예민한 시기이므로 소아의 자존심이 상처받지 않도록 해야 한다.

청소년은 종종 양가감정을 보인다. 자신의 감정에 따라 혼란스러워 하기도 하며, 그러한 감정을 털어놓는 것을 원치 않는다. 일부 면담은 청소년과 단독으로 진행하는 것이 좋으며, 면담을 하는 목적, 사생활 보호 등에 대해 명확하게 말해 주도록 한다. 면담 중 발견할 수 있는 중요한 문제로는 학교생활 및 성적, 친구관계, 이성문제, 가정과 학교에서 보이는 행동장애 등이다. 이러한 정보의 대부분은 부모 등 보호자보다 청소년 자신에게서 얻는 것이 가장 바람직하다. 자살시도, 약물남용, 흡연, 음주, 탈선, 이성문제, 집단 따돌림 등의 문제는 청소년에게 직접 질문하는 것이 좋다.

4. 신체진찰

진찰 시 소아가 협조를 잘 하면 치료가 크게 달라질 수 있으므로, 소아가 불편해하지 않도록 주의해야 한다. 청진기나 이경 등을 사용할 때는 인형이나 장난감을 이용하거나 소아가 자신의 심장이 뛰는 소리를 듣게 하여 그 기구들을 어떻게 사용할지 미리 보여 주면 좋다. 소아가 울면 진찰이 어려운 가슴(폐), 배를 먼저 진찰하면 편리하다. 귀나 목 안과 같이 힘이 드는 진찰은 마지막에 한다. 많은 유아들은 반듯이 누웠을 때 위협을 느끼므로 보호자의 무릎 위나 의자에 앉혀 놓고 진찰한다.

소아도 인격체로 존중해야 한다. 탈의가 필요하면 스스로 또는 보호자가 벗기게 한다. 가능하면 속옷은 입은 상태에서 진찰하며, 진찰이 끝나면 바로 옷을 입도록 한다. 힘든 진찰 시에는 검사과정에 대해 소아가 이해할 수 있는 수준의 언어로 미리 설명하고, 의사가 아프지 않게 진찰하겠다고 안심시킨다. 아무리 노력해도 진찰을 받으려 하지 않거나, 옷을 벗으려 하지 않는 소아도 있다. 이때 의사는 소아가 고집을 피운다고 생각하기보다 이렇게 반응하는 다른 충분한 이유가 있을 것이라고 이해해야 한다.

일부 소아는 진찰을 받으면 무슨 일이 생길지 모른다는 막연한 두려움을 갖기도 한다. 심지어 의사를 속이려 하거나 버릇없이 행동하는 경우도 있다. 의사가 단호하고 분명한 자세를 보이면 해결에 도움이 된다. 이 방법도 실패할 경우에는 보호자를 통해 소아가 협조하도록 설득하거나 달래도록 요청한다. 그래도 안 되는 경우 응급질환이 아니라면 다음번에 진료 약속을 다시 하는 것이 좋다.

5. 환자 교육 및 계획하기

소아 환자의 현재 문제에 대해 의사들은 소아에게 직접 정보를 얻기도 하지만 대부분은 부모를 통해 이루어지게 된다. 그렇지만 정보수집과 설명 및 계획하기에서는 소아를 참여시키는 것이 치료에 대한 순응도를 증가시킨다. 따라서, 가능하면 의사는 소아를 포함한 상태에서 정보 제공 및 의사결정을 하도록 노력한다. 소아에게 직접 설명할 경우 소아의 인식수준과 건강신념에 맞추어야 이해도와 순응도를 높일 수 있다. 소아가 입원 시 가족 내 정서적 문제가 발생할 가능성이 크므로 이를 파악하고 필요 시 조언할 필요가 있다.

의사는 소아의 부모에게 현재의 질병 상태와 앞으로의 치료 방침에 대해 자상하게 설명하도록 한다. 또한 소아를 돌볼 때 주의사항을 주지시켜 사고를 미연에 방지하도록 한다. 부모가 당황하여 설명을 잘 이해하지 못할 때는 여러 차례 설명이 필요할 수 있다. 부모는 매우 긴장한 상태이며, 소아의 질병에 대해 자책감을 갖고 있으므로 의사는 절대 부모를 질책해서는 안 되며, 대신 위로와 격려로 대화를 유도해야 한다.

소아 진료에서 성인과 달리 여러 면을 고민해야 하는 경우가 많다. 가령 소아의 자기결정권을 어떻게 생각해야 할지, 소아에게 동의서는 언제부터 고려해야 할지, 소아 본인에게 질병의 심각성과 치료, 예후에 대해 어디까지 설명해야 할지 등 의료윤리적 과제가 남는다. 여기에는 다양한 사회문화적 요인들이 작용하므로 학생 때부터 이러한 의료윤리적 접근에 대해 깊이 생각하고 판단하는 능력을 길러야 한다.

6. 나쁜 소식 전하기

때때로 소아가 정신장애나 난치병 등 심각한 질병을 앓고 있다는 사실을 부모에게 알려야 하는 상황이 있다. 이러한 설명을 듣는 것은 부모에게는 매우 고통스러워 사실을 받아들이기 힘들다. 이때 너무 지나치게 친절한 설명을 하면 자칫 오해를 불러일으킬 수 있으므로 소아의 상태에 대해 아무런 의혹이 없도록 명확하게 사실을 알려야 한다. 진단이 확실히 내려지는 대로 의사는 부모만 따로 조용히 불러 진단의 결과와 의미를 쉬운 용어로 설명해 줘야 한다. 너무 자세한 내용까지 설명하는 것은 바람직하지 않다. 의사는 차분한 태도로 위로를 해야 한다. 부모의 질문에 친절하게 답변하고 부모에게 더 궁금하거나 의논하고 싶은 부분이 있는지 물어본다.

일부 소아는 사망하거나 치료될 때까지 상당한 시일이 걸리기도 한다. 이럴 때 의사는 소아와 가족을 어떻게 대하고, 그들에게 어떤 말을 해야 할지 고민이 된다. 6세 이하의 소아는 죽음이 무엇인지 잘 알지 못할 것 같지만, 죽음에 대한 막연한 두려움을 갖고 있을 수도 있다. 10세 정도가 되면 소아는 미래의 일에 대해 이야기하거나 자신이 곧 죽을지도 모른다는 말을 할 수도 있다. 사실과 다른 말을 해도 소아는 금방 알아차릴 수 있으므로 최대한 안심시키고, 진지하게 대답해 주어야 한다. 어떤 소아들은 물어보는 것을 꺼리며, 죽음이 임박했음을 깨닫고 죽음에 대해 무언으로 부모와 교류하기도 한다. 그렇지만 자신의 질병에 대해 누군가와 희망적인 앞날을 기대하며 이야기하는 것은 도움이 된다. 소아에게는 친밀한 비언어적 관계와 온화한 분위기가 언어적 상담보다 더 중요할 수도 있다.

실습과제

1. 삼자면담 역할극(50~60분)

1) 4명이 한 조를 이룬다.

2) 소아면담 실습 사례 1에 대해
- 1인은 의사, 1인은 소아, 1인은 소아의 보호자(어머니) 역할, 1인은 관찰자 역할로 병력청취 역할극을 한다.
- 한 역할이 끝나면 새로운 역할에 몰입하기 위해 잠깐 쉰다.
- 역할을 바꾸어 실시한다.
- 느낀 점을 서로 이야기하고 1인이 발표 준비를 한다.

3) 〈사례 7-2〉에 대해 〈사례 7-1〉과 동일한 방식으로 실시한다.

4) 조별로 토의한 내용을 발표한다.

5) 발표한 내용에 대해 전체 토의를 한다.

사례 7-1

환경 : 3차 의료(대학병원) 의사 진료실

등장인물 : 의사, 6세의 남자 환아, 33세의 환아 어머니

지침 : 실제 진료라고 생각하고, 소아임을 감안하여 서두르지 말고 천천히 진행한다.

(어머니와 환아가 들어온다)

의사 : 안녕하세요.

환아와 어머니 : 안녕하세요. (환아는 비교적 밝은 표정, 어머니는 근심

어린 표정으로 서두르며 들어온다.)

의사: 어머님은 이곳에 앉으시죠. (어머니 앉는다)

(환아를 진찰 의자에 앉도록 한다)

(환아를 보면서) 이름이 어떻게 되니?

환아: 구준표요. (발장난을 치며 까불거린다.)

의사: 응! 그렇구나. (환아를 보면서) 어디가 불편해서 왔니?

환아: (웃으면서) 기침을 해서요.

어머니: 얘가 기침이 너무너무 심해요. 벌써 세 달째 하고 있고요, 자다가도 기침 때문에 벌떡벌떡 깨요.

의사: 아, 기침 때문에 깨는 경우가 많나 보군요. 일주일에 몇 번 정도 그러나요?

어머니: 한 1~2주에 한 번 정도요.

의사: 흠, 기침을 하루 종일 하나요? 아니면 아침에만 하나요? 아니면 저녁에만?

어머니: 시도 때도 없이 해요.

의사: 기침을 하면서 괴로워서 운다거나, 토한 적이 있거나 한가요?

어머니: 아니요.

의사: 3달 동안 기침을 했다고 하는데 열이 난 적이 있다던가, 가래가 심했던가 한 적이 있나요?

어머니: 그런 거는 없었던 거 같아요.

의사: (환아에게) 기침하면 힘드니?

환아: 아니요. (웃는다.)

의사: 기침하면 목이 아프니?

환아: 음…… 가끔? 히히…….

의사: 다행히 별로 심해 보이지는 않습니다.

어머니: (말을 서두르며) 얘네 할아버지께서 폐암으로 돌아가셨거든요. 그리고 저희 외가 쪽이 집안 전통으로 기관지가 안 좋아요.

의사: 어머니 쪽 가족 중에 기관지나 폐에 관해 무슨 진단을 받은 적이
　　　있나요?

어머니: 아니…… 그런 거는 딱히 없고 저희 외할머니께서 여든이 넘어
　　　서 천식이 있다고 그러셨어요. 아, 지금도 너무너무 불안해요…….
　　　(근심 어린 표정)

의사: 어머니께서 걱정이 많으신데, 폐암에 대해서는 아직 걱정할 나이
　　　가 아니고 어머니 외가 쪽의 기관지 병력은 아이한테 그다지 영향
　　　을 미치지 않으니까 그런 면에서는 크게 걱정하지 않으셔도 되겠
　　　습니다.

어머니: 아~ 그리고 얘네 유치원에 새로 온 아이가 있는데 걔가 재작년
　　　에 신종플루에 걸렸었대요. 그런 것도 아이한테 안 좋죠? 그렇죠?
　　　그 아이를 다른 데로 가라고 해야 하죠?

의사: 그 아이가 2년 전에 감염되었고 이후 잘 나았으면 큰 상관이 없습
　　　니다.
　　　(환아는 이제 아예 의자에서 내려와 진료실 여기저기를 기웃거리
　　　며 활발하고 관심 어린 모습을 보인다.)

어머니: (그와는 대조적으로 어두운 표정으로 울먹이며) 우리 아이가
　　　…… 몸도 마르고…… 너무 약하고…… 툭하면 병원 신세를 지고
　　　그래서…… 너무 속상해요…… 흑.

의사: 아이가 입원한 적이 있나요?

어머니: 아니요.

의사: 병원을 많이 다녀요?

어머니: 툭하면 기침을 하니까요……. 이 병원 저 병원 시내에 있는 병
　　　원은 다 가봤어요. 그런데 다들 큰 걱정 말라고만 하고…… 저는
　　　걱정돼서 죽겠는데…… 흑흑.

의사: 후유, 어머니 속상하신 마음 잘 알겠습니다. 그러니까 저희 대학
　　　병원까지 오신 것이겠고요. 제가 꼼꼼히 진찰하고 정말로 안심해

도 되는지 자세히 보고 설명해 드릴 테니까, 일단 진정하세요. 어
머니께서 환아 상태에 대해 다소 과하게 생각하고 있으세요. 사람
이 긍정적인 생각을 가져야지, 자꾸 부정적인 생각을 가지면 되는
일도 틀어지는 거 알고 계시죠?

어머니 : 네…….

의사 : 자, 어머니는 지금 아이가 걱정되서 병원에 오셨고, 병원에 오셨
으면 제 말을 잘 듣고 이해하셔야겠죠?

어머니 : 네…….

의사 : 좋습니다. 제가 지금부터 진찰을 열심히 하고, 결과가 나오면 다
시 말씀 드릴게요.

어머니 : 네. 알겠습니다.

(진찰을 시작한다.)

사례 7-2

환경: 1차 의료 의사 진료실

등장인물: 의사, 9세(초등학교 3학년)의 여자 환아, 37세의 환아 어머니

지침: 실제 진료라고 생각하고, 소아임을 감안하여 서두르지 말고 천천
히 진행한다.

의사 : 안녕하세요.

환아와 어머니 : 안녕하세요.

의사 : 어머님은 이곳에 앉으시죠. (어머니 앉는다.)

(환아를 진찰 의자에 앉도록 한다.)

(환아를 보면서) 이름이 어떻게 되니?

환아 : 김미선이요.

의사: 응! 그렇구나. (환아를 보면서) 어디가 불편해서 왔니?

(환아가 머뭇거리다 어머니 쪽을 쳐다본다.)

어머니 : (의사도 어머니 쪽을 바라본다.) 예. 아이가 배가 아프다고 해서 왔어요. 3일 전부터 배가 아프다고 했는데, 심하지 않아서 지켜보다가 계속 불편하다고 해서 오늘 데리고 왔어요.

의사: 예. 그렇군요. (환아를 보면서) 배가 아파서 왔구나. 배가 오늘까지 어떻게 아팠는지 말해 줄 수 있겠니?

환아: 예. 3일 전 아침에 학교를 가려고 하는데 배가 아팠어요. 그래도 그냥 학교에 갔어요. 어제도 아침에 배가 아팠어요. 그런데 오늘 아침에는 조금 심하게 아파서 학교에 가서 선생님께 말씀 드리고 왔어요.

의사: 응, 그랬구나. 배 어느 부위가 아프니?

환아: (환아가 오른손으로 배꼽 부위를 가르키면서) 예, 배 가운데 부위, 배꼽 있는 데가 아파요.

의사: 배가 어떻게 아프니? 그러니까 콕콕 찌르듯이 아니면 쥐어짜듯이 아니면 눌리는 듯이 아프니?

환아: 글쎄요. 잘 모르겠어요. 그냥 쥐어짜듯이 아픈 것 같기도 하고.

의사: 배가 아픈 중에는 쭉 아프니? 아니면 아프다, 안 아프다 그러니?

환아: (곰곰이 생각해 보다가) 아프다가 안 아프다가 그래요.

의사: 아프면 보통 얼마 정도 계속되니?

환아: 어떤 때는 금방 괜찮아지고 어떤 때는 하루 종일 가고 그래요.

의사: 아프면 다른 일을 할 수 없을 정도로 심하니?

환아: 그렇기도 하고 안 그렇기도 한데, 오늘은 심하게 아파요.

의사: 설사는?

환아: 설사는 별로 안 해요.

의사: 열은?

환아: 열은 안 나는 것 같아요.

의사 : 메슥거리니?

환아 : 그게 무슨 말이에요?

의사 : 토할 것 같지는 않니?

환아 : 안 그래요.

의사 : 아프면 화장실을 가니?

환아 : 예. 가기도 하는데 똥이 잘 안 나와요.

의사 : 그전에도 배가 자주 아팠니?

환아 : 네. 그랬던 것 같아요.

의사 : 지금처럼 아팠던 것 중에 제일 처음 그랬던 것이 언제였니?

환아 : ……. (엄마를 본다.)

어머니 : 예. 한 2년 전쯤 되었어요. 그 후로도 2~3개월에 한 번 정도는 하루 이틀 정도 아팠다가 괜찮아지고 그랬어요. 어린애가 자주 아프다고 하니 걱정이 많이 되어서 병원에도 가 보았지만 선생님이 그냥 지켜보자고 했어요.

의사 : 예. 그러셨군요. 어린 자녀가 자주 아프다고 하니 어머님께서 걱정이 많이 되셨겠네요.

어머니 : 예. 어린 애가 그러니까 걱정이 될 수밖에요.

의사 : 그렇지요. 배 아픈 것에 대해 미선이에게 좀 더 물어볼게요. 그러고 나서 어머님 이야기도 들어 보겠습니다.
(환아를 보면서) 배가 자주 아파서 힘들었겠구나. 주로 어떤 때 배가 아팠니?

환아 : 어…… 떤…… 때……. (어머니를 쳐다본다.)

어머니 : 잘은 모르겠지만 학교나 학원을 갈 때 자주 그랬던 것 같아요. 학원을 갔다가 오면 멀쩡할 경우도 많이 있었어요.

의사 : (어머니 이야기를 듣다가 환아를 바라본다.)

환아 : 아니에요. 학원 갔다가 온 뒤에도 아프고 그랬어요.

의사 : 응, 그랬구나. 그러면 미선이가 생각하기에는 주로 언제 배가 아

팠니?

환아 : 잘 모르겠어요. 그냥 그랬던 것 같은데……. (곰곰이 생각하다가) 시험을 칠 때 더 아팠던 것 같기도 해요.

의사 : 미선이는 학교 가는 것이 재미있니?

환아 : 별로요.

의사 : 학교 성적은 어느 정도니?

환아 : 중간쯤 해요.

의사 : 친한 친구는 몇 명이나 되니?

환아 : 별로 없어요.

의사 : 미선이 생각에는 배가 왜 아픈 것 같으니?

환아 : 잘 모르겠어요.

의사 : 배 아픈 것 때문에 미선이는 무엇이 제일 걱정되니?

환아 : 많이 아파서 수술을 해야 될까 봐 걱정이 돼요.

의사 : 그렇구나. 미선이는 수술이 걱정이 되는구나. 이제는 미선이 어머니와 조금 이야기를 할게. 그러고 나서 다시 이야기를 해도 되겠지?

환아 : 예.

의사 : 어머님께서 좀 더 하실 말씀이 있으신가요?

어머니 : 예. 그전에도 자주 그랬지만 꾀병이 아닌가 했는데, 이번에는 아이가 힘이 없어 보이기도 하고, 전보다 더 심한 것 같고 더 오래 가는 것 같아요. 큰 병이 아닌가 해서 데리고 왔어요.

의사 : 어머님은 큰 병일까 봐 걱정이 많이 되시나 보네요. 제가 진찰을 해서 확인을 해 보겠습니다. (환아를 보면서) 그러면 선생님이 미선이 배를 한 번 진찰해 볼게요. 미선이는 여기에 한 번 누워 볼까?

----

2. 분임 토론 : 연령에 맞춘 설명 방식(30~40분)

주제: 3~4세 소아와 8~12세 소아를 대상으로 각각 출산을 어떻게 설명할지

조별 토의한다.

1) 조별로 토의한다. (10분)

2) 토의 내용을 조별로 발표한다. (10~20분)

3) 발표 내용에 대해 전체 토의한다. (10분)

• 매번 분임 토론의 주제를 바꾸어 시행할 수 있다.

참고문헌

도쿄여자의대 휴먼릴레이션 위원회 편(2006). 성공하는 의사의 휴먼릴레이션. 김
    영설, 김진우 공역(2006). 성공하는 의사의 휴먼릴레이션. 서울: 노보콘설
    팅, pp. 284-7.
대한신경정신의학회 편(2004). 의료행동과학. 서울: 중앙문화사, p. 27.
박형배, 김남용 편역(2003). 환자와 원활한 의료커뮤니케이션 스킬. 서울: 노보컨
    설팅, pp. 99-100.
전성일(2001). 청소년 환자의 정신과적인 면담 요령. 가정의학회지, 22: 1181-6.
조두영(2001). 행동과학-의사와 환자. 서울: 일조각, pp. 328-35.
Bartel DA, Engler AJ, Natale JE, Misra V, Lewin AB, Joseph JG. (2000). Working
    with families of suddenly and critically ill children: physician experiences.
    Arch Pediatr Adolesc Med, 154: 1127-33.
Bird B. (2007). Talking with patients. 이무석 역(2007). 환자와의 대화. 서울: 도서
    출판이유, pp. 300-23, 334-44, 357-68.
Coulehan J. (2005). The Medical Interview. 이정권, 심재용, 이혜리 공역(1999).
    의학면담. 서울: 한국의학, pp. 147-57.
Hart CN, Kelleher KJ, Drotar D, Scholle SH. (2007). Parent-provider

communication and parental satisfaction with care of children with psychosocial problems. Patient Educ Couns, 68: 179-85.

Hsiao JL, Evan EE, Zeltzer LK. (2007). Parent and child perspectives on physician communication in pediatric palliative care. Palliat Support Care, 5: 355-65.

Kopfman JE, Ray EB. (2005). Talking to children about illness. Lawrence Erlbaum Associates, Inc. Publishers, Mahwah, New Jersey. In Ray EB. Health communication in practice: a case study approach: 111-9.

Lloyd M, Bor R. (2008). Communication skills for medicine (2nd ed.). 김선, 박주현, 허예라 공역(2008). 의료커뮤니케이션(2판). 서울: 아카데미프레스, pp. 157-77.

Mangione-Smith R, McGlynn EA, Elliott MN, Mcdonald L, Franz CE, Kravitz RL. (2001). Parent expectations for antibiotics, physician-parent communication, and satisfaction. Arch Pediatr Adolesc Med, 155: 800-6.

Myerscough PR. Ford MJ. et al. (1996). Talking wiith patients. 가톨릭중앙의료원 가톨릭임상사목연구소 역(2004). 치료를 위한 대화. 서울: 가톨릭대학교출판부, pp. 181-92.

Nussbaum JF, Ragan S, Whaley B. (2003). Children, older adults, and women: impact on provider-patient interaction. Lawrence Erlbaum Associates, Inc., Publishers, Mahwah, New Jersey. In Thompson TL, Dorsey AM, Miller KI, Parrott R. Handbook of health communication: 183-7.

Parsons SK, Saiki-Craighill S, Mayer DK, Sullivan AM, Jeruss S, Terrin N, Tighiouart H, Nakagawa K, Iwata Y, Hara J, Grier HE, Block S. (2007). Telling children and adolescents about their cancer diagnosis: Cross-cultural comparisons between pediatric oncologists in the US and Japan. Psycho-oncology, 16: 60-8.

Silverman J, Kurtz S, Draper J. (2010). Skills for communicating with patients. 박기흠, 성낙진 공역(2010). 환자와 의사소통하는 기술. 서울: 동국대학교출판부, pp. 337-40.

Tates K, Meeuwesen L. (2001). Doctor-parent-child communication. A (re)view of the literature. Soc Sci Med, 52: 839-51.

van Dulmen S. (2004). Pediatrician-parent-child communication: problem-related or not? Patient Educ Couns, 52: 61-8.

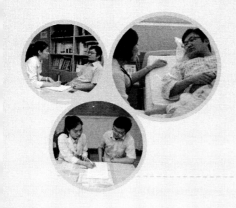

08

노인 면담과
장애인 면담

이근미(영남대학교 의과대학)
신좌섭(서울대학교 의과대학)

➡ 학/습/목/표

1. 노인 면담을 통해 노화와 질병에 의한 쇠약을 구별할 수 있다.

2. 노인 면담을 통해 일상 활동 능력과 기능 상태를 평가할 수 있다.

3. 노인 면담 초기에 간단한 일상적 평가만으로 인지기능을 평가할 수 있다.

4. 노인 면담에서의 주의사항을 수행할 수 있다.

5. 장애인 면담 지침에 따라 의사소통을 향상시킬 수 있다.

08 CHAPTER 노인 면담과 장애인 면담

　　노인 환자는 어떤 사람인가? 정기적으로 외래를 방문하여 고혈압과 만성설사 치료를 받는 한 88세 여자 환자와 의사의 대화를 살펴보자.

> 의사 : 어떻게 지내세요?
> 환자 : 좋은 편이에요. 그냥 나이 탓인 것 같아요.
> 의사 : 왜 나이가 들었다고 생각하시나요?

　　노령기는 언제 시작되는 것인가? 의사들은 58세 환자가 나이가 들어 힘들다고 말하면 관심을 갖지만 88세 환자가 나이 탓을 하면 대개 관심을 갖지 않는다. 그러나 인간이 어느 시점부터 노인이 된다는 규칙이 있는 것은 아니다. 일을 계속하고 있고 건강상의 문제도 없는 68세 회사 임원과 만성폐질환을 앓고 있고 기억력장애까지 생긴 68세 근로자가 동일한 의미의 노인 환자일 수는 없다.

　　노인 환자인가 아닌가는 단순히 수치상의 나이가 아니라 환자의 삶의 경험을 토대로 개별적으로 판단해야 한다.

1. 면담방법

　　앞의 예시처럼 노인 환자들은 자신의 증상을 쉽게 나이 탓으로 돌리는 경향이 있다. 이럴 때 "왜 나이가 들었다고 생각하시나요?"와 같은 개방형 질문을 하면 환자의 증상이 생리적 노화에 따른 것인지, 어떤 특정 질환으로 인한 것인지를 확인하는 데 도움이 될 수 있다. 예를 들어, 노인 환자들은 울혈심부전이나 류마티스관절염 같은 질병 때문에 나타나는 야간뇨와 관절통을 '나이' 탓으로 돌리기 쉽다.

뿐만 아니라 노인의 경우에는 중요한 질병이 아주 모호한 증상으로 나타나는 경우가 많다. 노인의 폐렴은 열과 기침 같은 전형적 증상보다는 식욕 감퇴와 피로 같은 모호한 증상으로 나타나는 경우가 많다. 또한 급성 혹은 불안정한 증상은 만성 증상과 구별되어야 한다. 예를 들어, 갑작스러운 요실금은 수년간 지속되어 온 요실금과 다르게 접근해야 한다.

한편 노인 환자의 경우 면담의 속도가 느릴 수밖에 없고 오랜 세월을 살아오면서 얻은 삶의 경험을 함께 이야기하는 경우가 많다. 다음은 말기 신장병을 가진 77세 여성의 사례다.

> 의사: 안녕하세요? 다시 뵙게 되어 반갑습니다. 퇴원 후 기분은 어떠세요?
>
> 환자: 네, 매일 조금씩 좋아지고 있어요. 새로 주신 물약을 먹고 나서 더 이상 체중 증가는 없어요. 하지만 매우 피곤해요. 전보다 더요. 아시겠지만 95세인 남편도 막 퇴원했어요. 그래서 제가 남편을 돌보고 있어요. 그렇지만 그건 하나님의 도움을 많이 받고 있는 편이지요. 교회 사람들이 가족처럼 우리를 돌봐주고 있어요. 음식을 가져다주고 가사일도 도와줍니다. 저는 한때 교회 합창단 지휘자였습니다.

노인 환자에게 응답할 시간을 충분히 주면, 환자의 질병 상태뿐 아니라 환자가 어떻게 질병을 관리하고 있는지를 알 수 있다. 이 경우 환자의 반응으로 봐서 인지능력이 정상인 것은 분명하다.

노인 환자를 면담할 때는 면담의 속도가 느려지는 경우가 흔하다는 것을 알아야 한다. 또한 면담을 통해 급성과 만성을 감별하고 정상적인 노화에 의한 증상과 특정 질환에 의한 증상을 감별하는 것이 중요하다.

2. 면담내용

노인 환자를 면담할 때는 내용적 측면에서도 다르게 접근할 필요가 있다. 가령 유년기의 병력은 현재 상태와 관련이 적으므로 별로 중요하지 않다. 가족에 유전하는 질병이 이미 가족 내에서 다 나타났을 것이기 때문에 가족사도 별로 중요하지 않다. 노인들은 자식과 손자들의 건강에 대해 걱정이 많은데 의사가 환자 가족에 대해 많은 관심을 보이면 이런 걱정을 더 증폭시킬 수 있다는 점도 고려해야 한다.

노인 환자를 평가할 때에는 먹고(씹고 삼키고), 자고, 목욕하고, 옷 입고, 혼자 힘으로 걷고, 입고, 움직이고, 배변과 배뇨를 조절하는 것과 같은 일상생활의 가장 기초적인 활동들을 함께 평가해야 한다. 요리하거나 단순 가사 수행능력도 평가해야 한다. 노인의 일상생활 기능을 평가하는 척도에는 여러 가지가 있다. 다음은 노인 면담에서 유용한 선별 질문이다.

〈표 8-1〉 어떻게 물어볼 것인가?(노인 환자 병력청취 선별 질문)

주제	질문 예시
정상 수면 각성 주기	"잠들어서 깨어 있고 싶을 때 깨어 있을 수 있습니까?"
배변과 배뇨조절	"화장실에서 혼자 일을 볼 수 있습니까? 화장실에 도착하기 전에 변을 지리는 일은 없습니까?"

식습관	"시장 보기와 요리를 누가 도와주나요? 평소 어떤 음식을 드시는지 살펴보도록 합시다."
이동성	"계단을 오르내리는 데 어려움이 있습니까? 넘어진 적이 있나요?"
약제복용	"드시고 계신 약을 모두 볼까요? 각각 언제, 얼마나 드시는지 말씀해 주십시오."
음주량	"평소 술을 어느 정도 드시는지 말씀해 주세요. 전에는 어느 정도 드셨나요?"
지원 시스템	"도움이 필요할 때 연락할 수 있는 가족 및 친구, 이웃이 있습니까?"
시력/청력	"보는 데 지장이 없나요?" "듣는 데 지장이 없나요?"
기억력	"기억력은 좋으세요?"
우울	"요즘 기분은 어떠세요?"
성생활	"성욕에 변화가 있나요?"

3. 정신상태 평가

1) 일상적인 정신상태 평가

의사는 노화에 의해 시력, 청력, 기억력이 떨어진 환자를 능숙하게 면담할 수 있어야 한다. 일상적인 정신상태 평가는 환자 혼자서 자신의 병력을 잘 설명할 수 있는지, 환자에 관한 정확한 정보를 얻기 위해서는 다른 방법이 필요한지를 판단하는 데 중요하다. 가족구성원이나 보호자와 환자의 관계를 관찰하면 정식 정신상태 검사 전에 환자의 정신상태에 대한 단서를 얻을 수 있다.

- 진료예약이나 상담을 할 때 환자가 직접 전화를 하는가?
- 환자가 병원에 올 때 자가운전을 하고 오거나 혼자서 버스나 택시를 타고 오는가?

- 전화로 진료예약을 상기시켜 주었는데 환자가 진료예약을 잊어버리는가?

진료예약을 잊어버리는 환자는 약을 먹는 것도 기억하지 못할 것이고 본인이 경험한 증상을 잘 설명할 수도 없을 것이다. 환자가 깨어 있는지 또는 졸고 있는지 각성 수준을 주의 깊게 관찰해야 한다. 진정제 같은 약제의 효과도 의심해 볼 필요가 있다. 한 질문에서 다음 질문으로 넘어갈 때 환자가 화제의 전환을 잘 따라올 수 있을 만큼 민첩한지, 환자의 용모와 행동이 어떤지도 주의 깊게 살펴야 한다.

- 사회적으로 정상적인 겉모습을 하고 있는가?
- 옷차림이 깔끔하고 차분한가, 옷차림이 단정하지 않고 안절부절못하는가?
- 신체적으로 활동적인가, 행동이 느리고 비활동적인가?

면담을 시작하면 환자가 하는 말을 주의 깊게 평가해야 한다. 말에 조리가 있는가? 말을 잘 잇지 못하는가? 같은 말을 되풀이하는가? 지나치게 말을 하지 않는가? 논리성이 떨어지는가? 이를 통해서 환자의 사고과정과 사고내용의 많은 부분을 파악할 수 있다. 사고의 패턴이 논리적인지, 가다가 옆길로 새는지, 죽음에 대한 생각으로 가득 차 있는지, 망상이 있는지 등도 살펴보아야 한다.

치매의 증상은 잘 드러나지 않을 수 있고 매우 다양한 양상으로 나타나므로 주의해야 한다. 부적절한 응답이나 혼동(confusion)이 없는지 주의 깊게 살펴야 하며 면담 초기에 이런 문제를 발견하는 것은 중요하다.

2) 정식 정신상태 검사

일반적으로 면담 중의 세심한 관찰만으로도 망상이나 치매와 같은 심각한 기질적 정신 문제를 감별할 수 있지만, 더 완전한 평가를 위해서는 다음의 항목을 정식으로 검사할 필요가 있다.

- 외모와 행동
- 집중도와 민첩성
- 말과 언어
- 정서와 감정
- 기억력과 공간지각력
- 사고과정과 내용
- 판단과 통찰력
- 추상적인 사고, 지식, 계산

노화에 따른 인지기능의 저하를 조기에 진단하고 치료하기 위해 여러 면담도구들이 개발되었으며 현재 우리나라에서 이용되고 있는 인지기능 평가도구로는 한국형 간이정신상태검사(Mini-mental Status Examination: MMSE-K), 인지기능장애 진단도구(Cognitive Impairment Diagnosing Instrument: CIDI), 신경행동학적 인지상태검사가 있다. MMSE는 교육 수준과 성별에 따른 민감도와 특이도가 낮으며 인지기능의 다양한 측면을 반영하지 못한다는 단점이 있지만 간단하게 평가할 수 있어 일차적 선별 검사로 가장 널리 사용된다. 기억이나 인지기능에 대한 질문들이 환자에게 스트레스를 줄 수 있으므로 긴장감을 완화시키기 위해 검사 전에 무엇을 하려는 것인지를 미리 알려 주는 것이 좋다.

의사 : 우리가 이야기하는 동안 환자분의 기억력에 문제가 있는 것을 발견했습니다. 기억력 검사를 해도 괜찮겠습니까?

환자 : 어떻게 합니까?

의사 : 네, 제가 질문을 할 것입니다. 그중 몇 개는 시시하고 쉬운 질문이지만 몇 개는 좀 어려울 것입니다. 괜찮겠습니까?

혹은

의사 : 약 먹는 것을 잊은 적이 있습니까?

환자 : 아뇨, 전혀 없습니다.

의사 : 그걸 어떻게 아십니까?

환자 : 아침에 일어나면 가장 먼저 약을 먹습니다. 그런데 가끔은 기억력이 떨어져 무슨 말을 하려다가 잊어버리는 일이 있습니다.

의사 : 요즘 갑자기 그렇습니까?

환자 : 아니오, 얼마 전부터 그랬어요. 내 생각엔 88세 때부터인 것 같은데, 문제가 있는 건가요?

의사 : 88세부터면 양호한 것이지요. 그래도 혹시 문제가 있는지 알아보기 위해 기억력 검사를 해 봐도 괜찮겠습니까?

4. 제삼자 The third party

노인 환자 면담에서 환자의 자율성 존중과 가족구성원 및 보호자의 역할은 중요한 논쟁거리다. 치매 등의 질병으로 인한 장애의 정도나 치료계획에 대해 환자와 보호자의 의견이 일치하지 않을 때 어려움이 생긴다. 경미한 치매가 있는 80대 노인의 경우 환자의 의사결정 능력을 평가하는 것도 어렵고 가족이나 보호자 주장의 정당성을 평가하기도 어렵다. 예를 들어, 80세 된 여자 환자의 가족들이 환자가 가스 불 끄는 것을 확인하지 않고 옷매무새가 단정하지 못하며, 집 안을 잘 더럽힌다고 하는데 환자 자신은 그렇지 않다고 주장하는 경우가 있다. 가족들은 환자가 모르게 의사와 이런 문제들을 논의하기를 원할 수 있다. 딸이 엄마를 억지로 병원에 데리고 오는 경우도 있다. 의사는 어떻게 딸의 우려를 존중하면서 동시에 환자의 자율성을 지켜 줄 수 있을까?

◆ 존중과 자율성

앞의 사례는 의사가 노인 환자에 대해 접근할 때 지켜야 할 두 가지 원칙을 담고 있다. 존중과 자율성이 그것이다.

첫째, 노인 환자를 진료할 때에도 다른 환자를 진료할 때와 마찬가지로 환자의 입장을 존중해야 한다. 의사로서 정직, 사생활 보호, 그리고 비밀보장의 의무를 지켜야 한다. 따라서 의사는 환자의 알 권리를 강조해야 하며, 대부분의 노인 환자가 자신의 상황을 충분히 인지하기만 하면 잘 대응한다는 사실을 알아야 한다. 사생활에 대한 환자의 감정에도 민감해야 한다. 환자가 원한다면 제삼자의 참여를 최소화해야 한다. 이런 문제를 놓고 가족구성원과 직접적으로 대화하는 것이 도움이 될 수 있다.

의사: 제가 환자분을 존중하기를 원하실 것이고 또 환자분과 저 사이에 신뢰감이 중요하다는 것도 잘 알고 계실 것입니다. 아버님과 둘이서 이야기해도 괜찮겠습니까?

환자의 딸: 아버지는 가끔 혼란스러워해요. 아버지는 의사 선생님이 말씀하시는 것을 잘 이해하지 못할 수도 있습니다. 아버지는 마음에 들지 않는 일에는 관심이 없는 것 같아요.

의사: 아버님과 대화한 후에 따님이 들어와서 문제를 함께 논의해도 되

지 않을까요? 뭔가 감추는 것 같다는 느낌을 환자가 갖지 않도록
하는 것이 중요합니다.

이 사례에서 딸은 진심으로 아버지를 걱정하고 있는 것으로 보인다.
그녀는 아버지가 의사의 질문을 이해하고 정확하게 대답하는 데 자신의
도움이 필요하다고 믿고 있다. 이에 대해 의사는 환자를 개인적으로 면
담하는 이유를 명확히 제시하면서 동시에 딸의 우려에 대한 존중을 표현
하였다.

둘째, 가능한 한 환자의 자율성을 보호하라. 설령 의사결정을 내리는
능력이 일시적 혹은 영구적으로 부족하더라도 의사는 환자의 권리를 존
중해야 할 의무를 갖고 있다. 때로 의사는 환자의 가장 큰 관심사가 무엇
인지에 대해 가족구성원과 다른 의견을 가질 수 있다. 예를 들어, 경미한
치매와 심장병이 있는 노인 환자에게 환자의 가족은 염분이 적고 콜레스
테롤이 낮은 식단을 제공하려고 하겠지만 환자는 그것을 원하지 않을 수
있다. 가족들은 그것이 '아버지에게 가장 득이 되는 일'이라고 믿을 것이
다. 그러나 80세 환자가 콜레스테롤 수치를 조금 낮추는 것보다는 입에
맞는 식사를 하면서 즐겁게 사는 것이 훨씬 나을 수도 있다. 이런 경우 의
사의 의무(자율성을 보장하는)는 비록 의학적으로는 '옳지 않지만' 환자의
딸과 상담을 해서 아버지에게 더 맛있게 드실 수 있는 식사를 해 드리라
고 조언하는 것일 수 있다.

5. 장애인 면담

언어나 청각 문제는 나이와 상관없이 나타날 수 있는데, 말하기와 듣기
에 장애가 있는 환자는 면담, 진단, 치료가 어렵다. 언어와 청각문제는 노

화현상 때문에 나타날 수 있다. 나이가 들면 반응시간이 느려지고 집중력이 떨어지며, 뇌졸중과 같은 질병이 있어도 의사소통 능력이 감소한다.

　의사소통에 문제가 있는 아이의 부모는 대개 자신의 아이가 다른 아이들보다는 느리지만 대화를 따라갈 수 있다고 믿는다. 그래서 문제의 심각성을 즉각 인지하지 못할 수 있다. 언어문제를 수줍음으로 간주하기도 하며, 아이들을 잘 아는 사람의 경우에도 이런 문제들을 간과하기가 쉽다.

　의사소통에 어려움을 겪는 사람들은 사람과의 접촉을 피하는 경향이 있다. 이런 사람들에 대해 사회는 은둔자, 고집불통이라는 낙인을 찍기도 한다. 의사소통을 하기가 어려운 환자와 당혹스러운 상황을 피하는 방법, 장애가 있는 환자들과 대화하는 기술을 익혀야 한다.

〈표 8-2〉 의사소통에 장애가 있는 사람과 대화할 때 명심할 것

이런 행위는 절대 하지 말자

- 말을 더듬거리는 사람의 말을 고쳐 주는 행위
  - 예 "이번 주에 내가 집에 올 것인지 묻는 거야? 그런 질문이라면 '그래. 맞아.'"
- 어떤 행동을 하고 무엇을 생각해야 하는지를 지시하는 행위
  - 예 "아무 말도 하지 않는다면 여행을 가고 싶지 않은 걸로 생각하겠어. 그러면 혼자 남아 있어야 할 거야."
- 회피하는 행위
  - 예 "내버려 둬. 그 사람은 우리가 얘기하는 걸 이해 못해. 이야기해 봤자 그를 화나게만 만들 거야."
- 큰 소리로 말하는 행위
- 더 크게 이야기하면 더 쉽게 이해할 수 있을 것이라는 착각 속에서 다른 단어를 사용해 보는 대신 더 크게 이야기하려는 경향이 있다.
- 환자 앞에서 대화의 채널로 다른 사람을 이용하는 것

의사소통의 기본 원칙을 이해한다

- 혼자서는 대화를 할 수 없다.
- 의사소통에는 언어적 표현과 비언어적 표현이 포함된다.
- 모든 의사소통에는 다른 사람이나 듣는 사람과의 관계 또는 관계의 정의가 함축되어 있다.

◈ 의사소통 장애가 있는 환자와의 대화를 위한 조언

- 환자를 무시하지 말 것 : 회피는 새로운 문제, 즉 환자가 '자신을 중요하지 않다' 고 느끼게 되는 부작용을 낳을 수 있다. 환자와 소통 장애에 대해 이야기함으로써 장애의 원인을 파악한다. 장애가 청력의 문제인지, 언어의 문제인지, 학습의 문제인지, 혹은 다른 질환의 영향인지 파악한다.
- 환자가 말하려는 내용을 추측하지 말 것 : 필요하다면 다른 방식의 의사소통 수단을 이용한다. 환자에게 특정 단어나 그림을 제시하고 지목하도록 한다. 환자가 '네, 아니오.' 로 대답할 수 있도록 유도한다.
- 다른 형태의 의사소통 수단을 사용할 것 : 수화로 대화하거나, 여러 단어나 기호를 보여 주고 지목하도록 하거나(휴대전화를 쓸 수 있다), 환자 스스로 쓰도록 할 수 있다.
- 통역사나 제삼자를 활용할 것
- 환자가 이해하는지 확인할 것
- 환자에게 치매증상이 있는 경우 : 환자에게 약속이나 일상적인 일을 자주 일깨워 주도록 한다. 사회적 접촉을 강화시켜 준다. 환자를 돌보는 가족을 격려하는 것도 중요하다.
- 환자와 계속 대화할 것 : 의식이 없거나 인공호흡기를 장착한 환자라도 듣는 것은 가능하므로 조용하고 친숙한 목소리를 들려주면 격리가 되고 버려졌다고 느끼는 환자를 안심시킬 수 있다.
- 부모나 간병인의 도움을 받아들일 것

6. 요약

◈ 노인 환자와 면담할 때는

• 면담의 속도를 늦추고, 목소리는 평소보다 약간 높인다.
• 일상생활활동(ADL)에 문제가 있는지 평가한다.
• 진찰과 검사를 통해 정신상태를 평가한다.
• 환자의 삶의 경험을 존중하고 자율성을 보호한다.
• 환자 자신의 이야기를 들으려고 노력한다.
• 영양상태, 약물 사용(substance use), 예방접종 그리고 성생활을 평가한다.
• 처방전 없이 복용하는 약, 건강식품을 포함한 모든 복용약을 검토한다.
• 중요한 사항을 교육할 때는 꾸준하게 지속적으로 강조한다. 특히 만성질환으로 여러 약제를 처방하는 경우에 환자가 혼동하지 않도록 한다.
• 중요한 사항은 메모해 주거나, 집으로 가져갈 수 있는 자료를 이용한다.

◈ 청력장애 환자와 면담할 때는

• 진료실 환경을 조용하게 한다. (특히 보청기 착용 환자)
• 면담의 속도를 늦춘다. (너무 목소리를 높이면 고함치는 것으로 오해할 수 있다.)
• 의사의 입 모양을 읽을 수 있도록 안면근육을 많이 사용하여 말한다.
• 중요한 사항은 메모해 주거나, 집으로 가져갈 수 있는 자료를 이용

한다.
• 기본적인 수화를 배운다.

◆ 시력장애 환자와 면담할 때는

• 의사가 보이는지, 글씨가 보이는지 환자에게 정중하게 물어본 다음 환자의 상태에 맞추어 적절히 대처한다.
• 미리 짐작해서 도움을 주기보다는 도움이 필요한지 먼저 물어본다.
• 의자에 앉도록 도와준다. 필요한 경우에는 환자의 주의를 끌기 위해 신체접촉이 필요할 수도 있다.
• 면담할 때 시각장애인 안내견도 함께 있도록 허락한다.
• 점자 표지판이나 점자 자료를 이용한다.

실습과제

1. 토론 사례 1. 인지기능 장애가 있는 노인 환자 면담

사례 8-1

의사: 제가 누군지 아십니까?
환자: 음, 모르겠습니다.
의사: 전 진료담당 의사 ○○○입니다.
환자: 아!
의사: 오늘 뵙게 되어서 기쁩니다. 요새 기분은 어떠세요?
환자: 오, 잘 모르겠습니다. 그냥 끊임없이 지껄입니다.
의사: 어디 아프십니까?

환자: 어느 정도는 짐작했습니다만, 제대로 된 것이 아무것도 없는 것 같아요.

의사: (맥박을 재면서) 맥박은 오늘 좋군요.

환자: 그나마 정상인 것이 있다니 기쁘네요.

의사: 건강한 부분이 별로 없다고 생각하십니까?

환자: 음, 그저 그렇습니다.

의사: 심장은 어떻습니까?

환자: 아프지는 않아요.

의사: 밤에 잠은 잘 주무십니까?

환자: 전혀 문제 없습니다.

의사: 식욕은요?

환자: 좋습니다.

이 대화에서 주의해야 할 사항은 무엇인가?

2. 토론 사례 2. 언어나 청각에 이상이 있는 환자의 면담

1) 진찰 중에 대화가 효과적으로 이루어지고 있는지 확인하는 것은 누구의 책임인가? 의사인가 환자인가? 그 이유는 무엇인가?

2) 당신과 이야기하고 있는 상대가 (1) 청력장애가 있다면 (2) 들은 말을 금방 잊어버린다면 (3) 생각을 명확히 표현하지 못한다면 당신은 의사소통을 향상시키기 위해서 무슨 일을 할 것인가?

3) 이런 장애가 있는 사람들을 당신은 그동안 어떻게 대해 왔는가? 왜 그랬다고 생각하는가? 당신의 의사소통 기술을 향상시키기 위해 앞으로 어떤 노력을 할 것인가?

참고문헌

Adams WL, Barry KL. (1996). Fleming MF: Screening for problem drinking in older primary care patients, JAMA 276: 1964-67.

Bowie P, Branton T, Holmes J. (1999). Should the mini-mental state examination be used to monitor dementia treatment?, Lancet 354: 1527-28.

Devore PA. (1995). Computerized geriatric assessment for geriatric care management, Aging 7: 194-6.

Folstein MF, Folstein SE. (1975). McHugh PR: Mini-mental state: A practical method for grading the cognitive state of patients for the clinician. J Psychiatry Res, 12: 189-98.

Hiroko M, Makoto K, Kiyoko Y. (2004). Yasunori S: Physical, mental and social factors affecting self-rated verbal communication among elderly individuals. Geriatr Gerontol Int 4: 100-4.

John LC, Marian LB. (2005). Interviewing the geriatric patient. In the medical interview: Mastering skills for clinical practice (5th ed.). Philadelphia, F.A. Davis Company, pp. 212-27.

Lloyd M, Bor R. (2008). Communication skills for medicine (2nd ed.). 김선, 박주현, 허예라 공역(2008). 의료커뮤니케이션(2판). 서울: 아카데미프레스, pp. 220-3.

Lubinski R. (1997). Welland RJ: Normal aging and environmental effects on communication. Semin Speech Lang 18(2): 107-25.

Silverman J, Kurtz S, Draper J. (2010). Skills for communicating with patients. 박기흠, 성낙진 공역(2010). 환자와 의사소통하는 기술. 서울: 동국대학교출판부, pp. 334-7.

Tsong YK, Qiang K, Ann O, Joanne H, Kate H. (2009). Communication-specific scenarios. In the medical communication skills and law: The patient centered approach, made easy, Churchill livingstone, pp. 41-5.

Whooley MA, Avins AL, Miranda J, Browner WS. (1997). Case finding instruments for depression. J Gen Intern Med 12: 439-45.

09

가정폭력,
성문제 면담

유병연(건양대학교 의과대학)
김대현(계명대학교 의과대학)

⊸ 학/습/목/표

1. 진료 중에 가정폭력이 의심되는 단서를 알아내는 병력청취와 진찰을 시행
   할 수 있다.
2. 가정폭력 상담에서 생기는 커뮤니케이션 문제에 대처할 수 있다.
3. 가정폭력 피해자에게 적합한 치료 계획과 대처방안을 제시할 수 있다.
4. 성적인 문제 상담에서 관계형성 기법을 사용할 수 있다.
5. 성적인 문제 상담에서 문제 평가 기법을 사용할 수 있다.

09 CHAPTER 가정폭력, 성문제 면담

1. 가정폭력 상담

　가정폭력은 부부폭력, 아동 및 노인 학대가 있으며 장애인 가정폭력 및 최근에는 다문화 가정폭력 등도 커다란 사회적 문제가 되고 있다. 한국보건사회연구원의 '가정폭력 실태조사'에 따르면 한국의 가정폭력은 중산층 이상의 고학력층이나 도심부 가정에서 많이 나타나, 소득 수준과 가구주의 학력이 높은 가정일수록 가족에 대한 기대욕구가 크기 때문에 가정폭력이 더 발생하는 것으로 보인다. 연간 아동학대 발생률은 66.9%에 이르고, 초등학생(89.9%)과 취학 전 아동(67.4%)에 대한 폭력이 중학생(49.9%), 고등학생(32.7%)에 비해 높은 것으로 조사됐다. 혼수나, 부모부양 문제 등도 폭력을 유발하는 주요 원인이었다. 부부폭력을 경험한 경우는 40.3%로 부부 2.5쌍 중 1쌍이 최근 1년간 배우자로부터 가정폭력을 경험하였고, 이는 교육, 소득 수준과는 무관했다. 정서적 폭력이 33.1%로 신체적 폭력(11.6%)보다 높았으며 고학력 여성들일수록 높았다. 부부간 성폭력은 7.1%(2004년)에서 10.5%(2007년)로 증가한 것도 폭력에 대한 여성들의 인식 변화를 보여 준다.

　폭력에 대한 사회적 인식은 높아졌지만 피해자들은 여전히 가족의 테두리 안에서 문제를 해결하려는 경향이 두드러져 근본적 해결에 이르지 못하고 있으며, 피해자들이 심각한 폭력에도 경찰이나 검찰, 법원에 도움을 청하지 못하고 있는 현실이다. 가정폭력 피해자의 대부분은 신체적 손상과 정신적 스트레스에 시달리지만 '대화' 이외에 마땅한 해결책을 찾지 못하고 있다. 부부가 평등한 가정에서 가정폭력률이 낮으므로 가정에서 수직적·일방적 의사전달 체계를 수평적인 커뮤니케이션으로 개선하는 것이 가정폭력을 근본적으로 해결할 수 있는 방법이다.

1) 병력

신체적·정신적·재정적 상황을 파악해서 학대나 잠재적인 요소가 있는지를 포괄적인 접근을 통해서 알아내야 한다. 병력 조사를 할 때 환자와 가족을 개인적인 접근을 통해 솔직하고 자연스럽게 말할 수 있게 해주어야 한다. 인종 간의 문화적인 차이에 따라 학대나 방임을 정의하는 것이 다르므로 의사는 다른 문화를 가진 환자의 병력을 질문할 때 감정을 상하지 않게 해야 한다. 또한 조심스럽게 말을 해서 환자와 가족을 도울 기회를 상실하지 않도록 해야 한다.

환자의 반응에서 학대가 의심되면 환자에게 직접적인 질문을 해서 좀 더 접근을 해야 한다. 예를 들어, "가족 중에 힘든 행동을 하는 사람이 있는가?" 있다면 "당신을 해치거나 때린 사람이 있는가?" "당신이 원하지 않는 것을 누가 한 적이 있는가?" "누가 당신 것을 가져갔느냐?" 등의 질문으로 진행한다.

부양자들은 개인적으로 면담을 해서 학대나 방임적인 행동을 찾아내야 하고 모든 경우에 스트레스, 고립, 우울 같은 징후들을 찾아내야 한다. 그들은 자신을 돌보는 사람이 있는 곳에서 자신들의 문제를 상담하려 하지 않는다. 부양자들은 등록된 전문가들로부터 이웃 사람들까지 다양한데 이들의 능력 정도와 상황을 아는 것이 학대가 의도적인지를 평가하는 데 필요하다. 환자를 돌보는 데 부족한 부분을 찾는 것이 포괄적인 접근에서 가장 어려운 점이다. 방임적인 학대를 의심할 수 있는 증상과 징후는 우울증이나 체중 감소처럼 비특이적으로 나타난다. 노인 학대를 의심할 수 있는 몇 가지 징후는 다음과 같다.

첫째, 정서적 폭력, 상대방에게 모욕적인 어투로 말하거나 때리려고 위협하고 물건을 파손하는 행위. 둘째, 유기, 환자가 부양자보다 다른 사람에 의해 응급실이나 진료실에 나타나거나 환자가 부양자에 의해 시설에 버려질 때. 셋째, 학대, 여러 치료 단계의 골절이나 멍든 상태, 반복적인 낙상, 설명할 수 없는 요독증, 팔이나 허벅지 안쪽에 설명할 수 없는 멍. 넷째, 착취, 물건들이 치료의 대가로 교환된 증거. 개인적인 물품(짐, 보석, 차)이 동의나 허락 없이 넘겨진 증거, 사회보장이나 연금의 이유 없는 상실. 다섯째, 방임, 피부와 접촉 부위의 소변에 의한 피부염, 부적절한 옷, 불안정이나 멍한 상태, 영양실조, 위생상태 불량, 욕창 등이다.

2) 신체평가

의사들은 환자의 병력과 일치하지 않은 여러 형태의 상처와 잘 생기지 않는 곳의 멍을 잘 살펴야 한다. 상체 양측의 멍은 떨어져서는 거의 발생할 수 없으며, 빈번하고 설명할 수 없는 낙상, 여러 번의 응급실 방문, 치료를 제때 받지 않거나 부정기적으로 치료를 하거나 의사를 계속적으로 바꾸는 경우도 의심할 수 있다. 흔치 않은 형태의 상처를 잘 찾아야 한다. 팔이나 허벅지 안쪽에 상처, 담배, 로프, 체인, 화학물질에 의한 화상, 얼굴, 입술, 눈 등의 열상이나 찰과상, 옷으로 보통 가려지는 곳에 생긴 상처 등이 있다. 머리상처, 머리를 잡아당겨서 나타나는 두피 아래 출혈이나 머리카락이 빠진 것도 중요한 흔적이다. 방임의 결과로 인한 영양실조로 쇠약한 상태를 보일 수 있다. 성기나 항문 주위의 출혈, 멍, 분비물 등은 성적 학대일 가능성이 있으므로 즉시 성기나 항문 주위 검사를 시행해야 한다.

학대가 의심되는 환자들은 눈을 지속적으로 마주치는 것을 피하고 학대 부양자와 어느 정도의 거리를 두고 피하려 한다. 부양자는 신경질적이거나 위협적이거나 조용하고 소극적인 경우가 많다. 부양자가 환자의 상처에 대한 설명도 명확하지 않고 환자가 부양자에게 과도하게 복종한다. 응급실은 학대 환자 평가에 중요한 장소로서 단순히 치료만 하기보다 적절한 평가가 필요하다.

3) 정신적인 평가

학대는 반드시 신체적으로만 나타나는 것이 아니고 뚜렷하게 확인되는 신체적인 학대보다 정신적인 학대나 방임이 일반적으로 더 발견하기 어렵다. 환자와 부양자 사이의 행동이나 태도가 환자가 어느 정도 대접받고 있는지 또한 그들 사이의 관계를 알아내는 중요한 단서를 제공한다.

정신적인 학대는 겁주기, 자존심에 상처 입히기, 어린애 취급하기, 의도적인 무시, 이름 부르기, 고립시키기, 감정적으로 상처를 입히는 등 정신적 또는 정서적인 고통을 주는 것이다. 부양자의 의사소통 스타일을 관찰해야 한다. 요설, 모욕, 협박, 질책, 비난, 악의적인 놀림 등 언어로 정신적인 고통을 주는 것이 언어학대의 예다. 부양자에 의한 정신적인 학대나 방임은 더욱더 미묘한 형태로 나타난다. 사회적이고 정서적인 격려를 주지 못하고 환자의 정상적인 행동을 막거나 제한하여 결과적으로 점점 고립되도록 만든다.

4) 상담기법

환자의 태도나 감정 상태가 정신적인 학대나 방임을 나타내 준다. 부양자에 대한 불안, 공포, 양가감정은 추가적인 평가가 필요하다. 치료 방침을 잘 지키지 않거나 안정제를 자주 요구하고 예약을 자주 취소하는 것도 위험요인이다. 노인에서 인지장애나 치매가 있을 때 의사는 증상과 징후를 잘 살펴야 한다. 상담과정에서는 여러 가지 의사소통에 관한 문제가 나타날 수가 있다.

(1) (비의료적인) 신변 잡담으로 시작하는 경우

상담을 시작할 때 가족의 불안을 완화시키기 위해 일상적 이야기나 잡담으로 면담을 시작할 수 있다. 잡담은 친숙해지는 장점이 있으나 지나치면 방해가 된다. 따라서 "그동안 어려움은 없으셨나요?" "어떻게 지내셨나요?" 등으로 화제를 바꿔 잡담을 끝내도록 한다.

(2) 모든 가족이 동시에 말할 때

가족들이 자신의 이야기를 하고 싶어 동시에 여러 명이 이야기할 때는 여러 방법을 사용한다. 상담자가 특정 가족을 지정해서 질문하거나, 상담자가 가족을 대변해서 이야기하거나 또는 발언자를 정하는 규칙을 정해서 말하도록 한다.

(3) 아무도 발언하지 않는 경우

가족이 침묵할 때는 가족 상호 작용이 원만하지 않거나 생각이 감정을 억압하는 경우 등이 있다. 이럴 때는 상담자가 침묵의 원인을 추론해서 공개적으로 표현하여 침묵을 깨뜨린다. 예를 들어, "남편께서 아무 말씀도 하지 않으시는 것은 부인의 말씀에 동의하지 않는 것으로 생각됩니다만……."으로 대변자 역할을 하는 것이다.

(4) 두서없이 떠드는 경우

적절한 시기에 상담자가 끼어들어 가족에 대한 관심과 이해를 전달한다. 비언어적·언어적 방법으로 주의를 끌고 가족들의 생각이나 감정을 요약해 준다. 이어서 상담자가 선택한 화제로 대화를 재조정하거나 혼자 이야기하는 가족이 계속하기 전에 다른 사람에게 질문을 하거나 주제를 바꾼다.

(5) 한 가족원이 다른 사람을 대신해서 말하는 경우

다른 사람을 대신해서 말하는 사람은 자신이 잘 한다고 생각할 수 있으나 당사자는 무시당한다고 느껴 화를 낼 수 있다. 다른 사람을 대신해서 말하지 않는다는 규칙을 정하는 것이 좋다.

(6) 한 가족원이 상담자에게만 말을 하는 경우

초기 면담에서 많이 나타나는 현상으로 상담자가 계속 듣기만 하면 문제에 휘말릴 수 있다. 발언에 언급된 당사자에게 직접 이야기하도록 요청한다. 가족원끼리 마주 보도록 의자 배치를 하는 것이 도움이 된다.

(7) 다른 가족을 비난하는 경우

면담이 진행되면서 가족의 불안이 감소하게 되면 평소의 상호작용 형태가 나타나서 비난, 대항, 공격, 방어 등의 의사소통을 하게 된다. 상담자는 첫째, 표정이나 동작 등으로 상호 작용을 제지하며 둘째, 비난하는 구성원에게 건설적인 방식으로 자신의 생각과 감정을 이야기하도록 하고 공격적인 행동이 의사소통에 왜 해로운지를 설명해 준다.

(8) 문제를 분명히 정의하지 못할 때

면담의 전 과정에 걸쳐 상담자에게 중요한 과제 중의 하나는 가족들이 서로 분명한 의사소통을 하도록 돕고 잘못 사용하는 용어나 증상에 대해 그 의미를 분명히 해 주는 것이다.

2. 성적인 문제 상담

성(性)적인 문제는 '사적인 문제'로 환자는 비보고(non-presentation)나 과소 보고(under-reporting)하기 쉽고, 의사도 진단하려는 노력을 하지 않아 은폐되는 경우가 많다. 갱년기 진료나 성의학적 진료뿐만 아니라 일반적인 일차 진료에서도 성문제가 직간접적으로 다루어지므로 성적인 주제들을 피하는 것보다 성문제 면담기법을 발전시키려는 노력이 필요하다.

AIDS와 같은 성병이나 비뇨기 관련 질환의 질병뿐만 아니라 최근에는 발기부전과 조루증에 대한 치료약이 개발되면서 성적인 문제에 대한 면담은 의사–환자 관계에서 중요성이 커지고 있다. 성적인 문제 면담의 중요성은 성병과 비뇨기질환 평가와 치료뿐만 아니라, 성문제가 환자의 삶의 질에서 중요한 부분이라는 것이다. 일차적 성기능 장애(예: 불감증과 발기부전)는 흔하고, 만성병이나 질병(예: 척추손상, 관상동맥질환, 고혈압, 우울증) 치료 후 나타나는 성기능 장애도 흔하다.

만성질병 환자의 대부분이 질병과 치료로 인한 성욕과 성능력 감소를 가진다. 이러한 문제는 질병 자체나 질병 치료제에 의해 발생할 수 있다. 환자들은 의사가 묻지 않으면 이러한 문제에 대해서 말하지 않으며, 성장애는 삶의 질을 떨어뜨리고 배우자와의 관계에도 문제를 일으킨다.

성적인 문제들은 환자의 전반적인 질병 적응도를 결정하는 데 중요하며 환자의 장기적인 건강 위험도를 나타내는 척도(예: 발기부전은 심혈관계 질환의 위험인자)가 될 수 있으므로 성장애를 평가하는 것은 의료커뮤니케이션의 핵심적인 능력 중 하나다.

1) 관계형성 기법

좋은 의사환자 관계를 형성하는 기법들은 대화의 가장 중요한 목표 중 하나지만 의료커뮤니케이션에서 가장 소홀히 다루어지고 있다. 환자가 부끄러워할 수 있기 때문에 성적인 문제를 말하기 전에 의사는 감정적인 불편함을 미리 다음과 같이 말하는 것이 좋다.

> 의사: 성적인 문제를 몇 가지 물어보겠습니다. 질병이나 약물 때문에 문제가 생길 수 있으니, 정확히 알게 되면 치료에 도움이 되는 경우가 많습니다.

이렇게 하면 대부분의 환자는 큰 어려움 없이 자신의 성생활에 대해서 이야기할 것이다. 환자가 불편해하면(반영, 정당화, 지지, 동반자관계 형성, 존중) 같은 관계형성 기법을 사용할 수 있다.

> 의사: 질문이 당황스러우시지요. (반영)
> 불편하신 것도 당연합니다. 누구나 말하기 어렵지요. (정당화)
> 터놓고 얘기해 주시니 감사합니다. (존중)
> 치료에 도움을 드리려고 질문하는 겁니다.(지지)
> 치료에 필요한 정보를 얻도록 함께 좀 더 노력해 봅시다. (동반자 관계형성)

관계를 형성하는 것은 성적인 문제에 대한 면담의 성공에 가장 중요하다. 환자가 불편해하거나 이런 질문에 협조하지 않으면 정보가 불완전하거나 부정확해진다.

2) 문제 평가

효율적이고 효과적으로 성적인 문제에 대한 자료를 수집하기 위해서는 개방형 질문, 촉진, 조사, 확인 같은 기법들을 적절히 사용해야 한다. 민감한 문제이므로 촉진 기법 중 주의 깊은 침묵, 조사, 특별한 폐쇄형 질문을 많이 사용한다.

문제 평가 질문이 시작되기 전에 질문을 한다는 것을 밝혀서 환자의 격정을 덜어 줘야 한다. 성적인 문제에 대한 질문은 개방형으로 시작하여 폐쇄형 질문으로 명료화해야 한다. 주의 깊은 침묵은 부끄러울지도 모르는 문제에 대해 말하도록 하는 좋은 촉진기법이다. "성생활에 어떤 문제나 걱정, 장애가 있으시면 말씀해 주십시오."처럼 성적인 문제와 하부요로증후군 설문과 발기, 사정문제에 대하여 전반적으로 조사(survey)를 함께하는 것도 좋은 방법이다. 마지막으로 폐쇄형 질문(성적인 문제로 인해 스트레스를 느끼시나요?)은 특정 문제 진단에 필요하다. 성적인 문제에 대한 질문 시 환자의 감정 반응을 주의 깊게 살펴야 한다. 처음에는 "당황스러우실 수 있지만 성생활에 대해서 질문을 좀 드리겠습니다. 치료에 중요하므로 모든 환자에게 하는 것입니다."라거나 "성생활에 대해서 말씀해 주시겠습니까?"와 같이 개방형 질문으로 시작해야 한다. 이런 개방형 질문에 대해 환자가 의사에게 "어떤 것을 말씀 드릴까요?"라고 구체적으로 묻는다면 나이, 성별, 면담 상황에 따라 가능성이 많은 문제에 대해 폐쇄형으로 질문할 수 있다.

환자가 부끄러울 수 있는 정보를 말하는 데 시간이 필요하기 때문에 질문 후에 주의 깊고 지지적인 침묵이 특히 도움이 된다. 개방형 질문 뒤에는 "대답해 주신 것이 치료에 도움이 됩니다. 좀 더 구체적인 질문을 드리겠습니다."나 "발기 때문에 성행위 유지에 어려움이 있었습니까?" "사정 시간이 짧은 것으로 인해 스트레스를 느끼시나요?"와 같이 구체적이고 폐쇄형으로 질문한다.

성적인 문제가 삶의 질에 큰 영향을 주지만 환자가 문제를 잘 이야기하게 촉진하기 위해 성기능 장애를 '정상화(일반화)' 시키면서 "말씀 드린 것처럼 성적인 문제에 대해서 이야기하는 것이 부끄러울 수도 있지만, 치료에 중요합니다. 많은 만성질환자들이 성적인 문제를 겪고 있습니다(정상화). 어떤 어려움이 있으십니까?" 라고 묻는 것이 도움이 된다.

성적인 문제는 민감하므로 주의 깊은 침묵과 고개를 끄덕이는 것, "음~흠." 과 "좀 더 말씀해 주시겠습니까?" 와 같은 촉진기법을 사용하는 것이 필요하다. 민감한 정보를 모호하게 표현하기 때문에 들은 정보를 확인하는 것이 필요하다. 확인하는 자체가 추가 정보를 얻을 수 있는 촉진기법으로 사용되기도 한다.

> 예 제가 정확히 이해했는지 확인하겠습니다. 발기문제는 없는 데 성생활은 만족스럽지 않다는 말씀이시군요. 좀 더 얘기해 주시겠습니까?

부끄러워서 모호하게 대답하므로 명료화하는 것이 성적인 문제의 면담에 필수적이다. 환자가 정확하게 대답하도록 "성관계 횟수가 줄었군요. 좀 더 구체적으로 말씀해 주시면 도움이 될 것 같습니다. 얼마나 줄었고 그 이유는 무엇이라 생각하시는지요?" 처럼 구체적으로 질문한다.

만성질환을 가진 많은 환자들은 성적인 문제가 배우자와의 관계에 영향을 줄 수 있다는 것을 알고 있다. 사회적 지지의 손실이 질병 이환율과 사망률을 높이는 위험인자가 될 수 있기 때문에 "성적인 문제 때문에 불만족스러우신데…… 배우자에게 신경이 쓰이거나 일상생활에서 문제는 없으십니까?" 라고 구체적으로 물어보아야 한다.

3) 치료와 추적

효과적인 교육, 협상하여 순응도를 높이는 것은 기본 면담기법에 달려 있다. 그러나 예민하고 까다로운 문제이기 때문에 환자의 이해와 동의를 확인해야 한다. "제 말을 이해하시겠습니까?" 또는 "신경을 너무 예민하게 쓰시면 안 됩니다, 아시겠지요?"라고 말해서는 안 되며 확인을 사용하고 환자의 동의를 유도하는 것이 좋다.

> 예 제 말을 이해하셨는지 확인하기 위해 복용시간과 주의점에 대해서 다시 말씀해 주시겠습니까?
>
> 이해를 확인하기 위해서, 얼마간 복용하고 효과를 판단해야 하는지 말씀해 주시겠습니까?

성적인 문제를 이야기하는 것이 의사와 환자 모두 불편하지만, 대체적으로 환자는 의사가 물어봐 주기를 바라고, 의사는 환자가 이야기해 주기를 바라면서 진단되지 않는(저평가되는) 경우가 많으므로 적절한 면담이 필요하다. 의사들은 환자들의 성생활에 대한 세부 질문에 익숙하지 않다. 개인의 성격에 따라, 특히 이성의 노인 환자에 대한 성적인 문제 면담은 어려움이 크다. 면담자는 이것이 진료의 일부분이며, 적절한 감정적 거리와 직업의식을 가져야 한다. 성 지남력(sexual orientation)과 성행동에 대한 개인적인 편견 때문에 진료에 영향을 주어서는 안 된다. 편견 없는 진료를 하기 위해 이러한 장벽을 극복할 수 있도록 상담하고 자신을 점검해 보아야 한다.

성 면담과 관련된 걱정과 다른 장벽을 극복하고 높은 수준의 면담기법을 배우는 좋은 방법은 연습이다. 역할극(role play)은 성적인 문제의 면담을 연습하는 데 편리하고 효과적인 방법이다. 역할극으로 환자의 반응을

〈표 9-1〉 성적인 문제 면담기법

1. 감정대응 기법
"질문이 당황스러우시지요." (반영)

"불편하신 것도 당연합니다." "누구나 말하기 어렵지요." (정당화)

"터놓고 얘기해 주시니 감사합니다." (존중)

"치료에 도움을 드리려고 질문하는 겁니다." (지지)

"치료에 필요한 정보를 얻도록 함께 좀 더 노력해 봅시다." (동반자 관계형성)

2. 개방형으로 시작하여 폐쇄형 질문으로 좁혀 가기
"당황스러우실 수 있지만 성생활에 대해서 질문을 좀 드리겠습니다. 치료에 중요하
므로 모든 환자에게 하는 것입니다." "성생활이 만족스러우신지요?" (개방형 질문)

"성적인 문제로 스트레스를 느끼시나요?" "발기 때문에 성행위 유지에 어려움이 있
었습니까?" (폐쇄형 질문)

3. 정상화
"성적인 문제에 대해서 이야기하는 것이 부끄러울 수도 있지만, 치료에 중요하며 많
은 만성질환자들이 성적인 문제를 겪고 있습니다." (정상화)

4. 촉진기법
주의 깊은 침묵, 고개를 끄덕이는 것

"음~흠." "네~." "좀 더 말씀해 주시겠습니까?"

5. 확인
"제가 정확히 이해했는지 확인하겠습니다. 발기문제는 없는데 성생활은 만족스럽지
않다는 말씀이시군요. 좀 더 얘기해 주시겠습니까?"

6. 명료화
"성관계 횟수가 줄었군요. 좀 더 구체적으로 말씀해 주시면 도움이 될 것 같습니다.
얼마나 줄었고 그 이유는 무엇이라고 생각하시는지요?"

7. 사회적 영향 질문
"성적인 문제 때문에 불만이 있으신데…… 배우자에게 신경이 쓰이거나 일상생활에
서 문제는 없으십니까?"

8. 환자의 이해와 동의를 확인
"확인하기 위해 약 복용시간과 주의점에 대해서 말씀해 주시겠습니까?"

"이해를 확인하기 위해 얼마간 복용하고 효과를 판단해야 하는지 말씀해 주시겠습
니까?"

느끼면서 연습하면 이러한 걱정이나 장벽들을 극복할 수 있다.

성문제에 대한 면담은 복잡하고 어렵지만 삶의 질에 관심이 증가하는 현대 의료에서 중요한 부분이다. 이 문제의 중요성을 이해하고 기본적인 면담기법을 능숙하게 하는 것이 도움이 될 것이다. 특히 주의 깊은 침묵, 조사, 명료화, 확인 등의 평가기법과 함께 동반자 관계를 형성할 수 있는 초기 관계형성 기법을 사용하는 것이 진료의 성패를 좌우할 수 있다.

실습과제

1. 분임 토론(역할극) 사례

35세의 여자가 눈 주위에 멍이 든 상태로 응급실에 왔다. 병력청취와 신체 진찰을 시행하고 대처방법과 예방법을 상담하시오.

* 평가항목 참고
한국의과대학 · 의학전문대학원장협회(2010). 기본진료수행지침, pp. 374-9.

참고문헌

대한임상노인의학회(2003). 임상노인의학. 서울: 한우리.

한국가족복지학회 편(2004). 가정폭력 전문상담. 서울: 시그마프레스.

한국의과대학 · 의학전문대학원장협회(2010). 기본진료수행지침. 서울: 아람에디트, pp. 374-9.

Steven AC, Julian B. (2000). The medical interview: The three-function approach (2nd ed.). 김대현, 서영성, 김정범 공역(2002). 의학면담. 서울: 학지사.

10

행동변화 상담 중
환자코칭

박훈기(한양대학교 의과대학)
임인자(중앙대학교 의과대학)

◆◇ 학/습/목/표

1. 환자코칭의 정의를 이해하고 설명할 수 있다.
2. 환자코칭의 과정을 이해하고 설명할 수 있다.
3. 환자코칭 기술을 설명하고 적용할 수 있다.

10 CHAPTER 행동변화 상담 중 환자코칭

1. 환자코칭patient coaching의 정의

코칭이란 코치와 발전하려고 하는 의지가 있는 개인의 협력적이며 지속적인 커뮤니케이션 기술로 개인의 자각과 책임을 이끌어 내고, 자발적 행동을 극대화시키며, 잠재능력을 최대한 계발하여 목표설정, 전략적인 행동, 뛰어난 성과의 성취를 가능하게 하는 강력한 방법이다.

코칭의 기본 철학은 사람은 누구나 가능성과 잠재력을 가지고 있으므로 코치가 파트너가 되어 경청해 주고 적절한 질문을 통하여 다양한 시각을 열어 준다면 스스로 탐색하고 정리해 나가면서 원하는 것을 좀 더 쉽고 빠르게 찾을 수 있게 된다는 것이다.

코칭이라는 말은 네 마리 말이 끄는 마차(coach)에서 유래되었다. 많은 사람을 같은 장소에서 출발해 같은 목적지로 한꺼번에 이동시키는 집단 서비스인 기차와 비교해, 마차는 승객을 서 있는 지점에서 출발해 원하는 목적지까지 데려다 주는 개별 서비스다. 즉, 코칭은 코치가 각 사람에 맞추어 개인적인 지도를 하여 성과를 향상시키는 방법으로 스포츠에서 가장 먼저 시작되었고 점차 발전하여 비즈니스코칭, 라이프코칭, 커리어코칭, 셀프코칭 등 다양한 분야에서 활용되고 있다.

환자코칭이란 이러한 코칭의 개념을 의료에 접목한 것으로 의사가 코치의 역할을 하여 환자 개인의 신체적 · 정신적 · 사회적 상황에 맞게 코칭하여 효과적으로 생활습관을 교정하거나 질병을 치료하여 건강을 회복하도록 돕는 커뮤니케이션 방법이다. 환자의 치료 및 건강회복이라고 하는 공동의 목표를 가지고, 감정을 표현하고 서로 정보를 교환함으로써, 환자는 의사와 신뢰관계가 형성되어 나쁜 생활습관 혹은 자신의 질병에 대하여 자각하게 되고 자발적으로 치료에 참여해 스스로 문제를 해결하고 자신의 행동을 변화시켜 질병치료에 최선을 다하게 된다. 의사는 좋은 코치 역할을 위해서 탁월한 커뮤니케이션 능력을 가져야 환자를 정확하게 이해시킬 수 있으며, 필요할 때 침묵할 수 있어야 한다.

2. 코칭하는 의사의 마음가짐과 역할

코치로서 의사는 모든 환자에게는 무한한 가능성이 있으며 필요한 해답은 모두 환자 내부에 있다는 마음가짐과 함께 돕는 마음으로 환자에 대해 배려하고 친절히 대하며 존중하는 자세를 가진다. 의사는 또한 환자의 과거에 연연하기보다는 현재 상황에 집중해서 질문하고 환자에게 낫고자 하는 동기를 부여하며 미래지향적인 새로운 시각으로 문제를 낙관적으로 바라볼 수 있도록 돕는다. 의사는 환자를 도울 뿐 판단하는 것이 아님을 항상 기억하고 환자에게도 주지시킨다. 때로 의사도 실수할 수 있으나 실수로부터 배울 수 있고, 변화로부터 새로운 기회를 얻을 수 있으며 유용한 네트워크를 형성하여 협동함으로써 결과를 향상시킬 수 있다는 마음가짐을 가진다.

3. 코칭과정

코칭과정은 목표 설정-현실 파악-핵심필요 인식-대안 탐색-실천의지 확인의 5단계로 구성된다.

1) 1단계 목표 설정하기Goal: 당신은 무엇을 원하는가

의사는 설명을 하기 전에 먼저 환자의 걱정거리나 문제 등을 스스로 말하게 한 뒤 환자가 말하는 내용과 감정을 명료화해서 앞으로의 코칭 방향과 목표를 명확하게 함께 정한다.

환자가 코칭을 통해 얻고자 하는 목표를 구체적으로 정하면 앞으로 환자가 코칭과정에 적극적으로 참여할 수 있으며 코칭에 대해 긍정적인 기대를 갖게 된다. 또한 의사가 환자를 존중하고 있음이 표현되므로 환자와 의사 간 신뢰관계가 생성된다. 이때 의사는 환자의 문제에 대해 진심으로 공감해야 하며 문제가 여러 개일 때는 우선순위를 정해 준다. 목표를 정한 뒤에는 환자로 하여금 목표를 분명하게 표현하게 하고 코치로서 이해한 목표를 환자에게 재확인하고 동의를 구한다.

목표를 설정하기 위해서는 환자에게 "오늘 무슨 이야기를 하고 싶으세요?"와 같은 열린 질문으로 광범위하게 시작해 차차 그 범위를 좁혀 간다. "오늘 이야기 후에 어떤 성과를 얻고 싶으세요?" "지금 가장 어려운 부분은 무엇인가요?" "이 코칭을 통해 어느 정도까지 구체적인 성과를 기대하시나요?" "당신이 확인해 볼 수 있는 시한이 정해진 중간 단계는 어떤 것들이 있을까요?" 등과 같은 질문을 한다. '누가~' '언제~' '무엇을~' '얼마나~' '어떻게~' 등과 같은 의문사를 사용하여 질문한다면 환자에게 자각과 책임감을 생성시킬 수 있다. 그러나 '왜~'와 같이 비난의 의미를 함축하는 단어는 오히려 방어적 대답만 유발하고 불안감을 조성하여 좋은 관계형성을 방해할 수 있으므로 사용하지 않도록 한다. 환자에게는 전문용어를 가능한 쓰지 않도록 하며 부득이한 경우에는 부가적인 설명과 함께 사용해야 한다. 환자 수준에 맞지 않게 너무 쉬운 설명을 하는 것도 좋지 않으며, 의사의 생각을 주입시키려는 의도로 유도질문을 하지 않도록 한다.

2) 2단계 현실 파악하기Reality: 당신의 현재 상황은 어떠한가

목표를 설정한 뒤에는 주제와 관련되어 구체적으로 환자의 사례와 사실을 질문하여 수집하고 환자의 감정을 파악하여 환자의 문제에 대한 통찰력과 목표와 현실 사이의 차이에 대해 인식한다. 이 과정에서 의사는 환자의 경험에 긍정적으로 반응하고 환자가 언급하는 여러 사건들의 관련성을 파악하며 어느 것에 초점을 맞출지를 결정한다.

현실 파악을 하기 위한 질문으로는 "현재 상황은 구체적으로 어떤가요?" "그 사실에 대해 어떻게 느끼시나요?" "그런 일이 얼마나 자주 있나요?" "해결하기 위해 어떤 걸 시도해 보셨나요?" "시도하는 중에 어떤 어려운 일이 있었나요?" "그 사실에 대해 좀 더 자세하게 설명해 주실 수 있나요?" 등을 사용한다.

3) 3단계 핵심필요 인식하기Recognition
   당신에게 가장 필요한 것은 무엇인가

코칭 목표에 대한 환자의 감정 표현을 촉진시켜 환자가 코칭 목표와 관련된 자신의 주요 경험과 사건들을 분명하고 통합된 시야로 재인식하게 되는 단계다. 핵심필요에 대한 환자의 자각은 코칭의 핵심요소이며 문제해결뿐만 아니라 한 걸음 더 나아가 코칭을 통한 성장을 가능하게 한다. 이 과정을 통해 환자는 자신의 문제를 객관적으로 새롭게 인식하게 되고 내면의 욕구를 분명하게 깨닫게 되며 이미 확립된 목표를 재확인하거나 수정하게 된다.

핵심필요를 인식하기 위해서는 "환자분께 더 중요한 것은 무엇인가요?" "진심으로 원하는 것은 무엇인가요?" "그렇게 생각하는 특별한 원인은 무엇인가요?" "정말로 문제가 되는 건 무엇인가요?" 등의 질문을 한다.

4) 4단계 대안 탐색하기Options: 당신은 어떤 것을 할 수 있는가

환자가 구체적으로 어떤 행동을 함으로써 목표를 실현할 수 있을 것인가에 대해 이야기하는 단계로 환자가 가진 모든 자원들을 점검하고 앞으로 필요한 자원이 무엇인지 검토하며 예상되는 장애물을 확인하여 현실성 있는 대안을 제시하고 이를 행동으로 옮길 수 있는 구체적인 계획을 세워 보다 합리적이고 현실적인 행동지침을 만든다.

대안 탐색을 위해서는 "지금 환자분께서 가장 먼저 해야 될 행동은 무엇인가요?" "지금 환자분에게 도움을 줄 사람이 있나요?" "앞으로 중단해야 될 것과 계속해야 될 것은 무엇인가요?" "환자분이 스스로 변화시킬 수 있는 건 무엇인가요?" 등을 질문한다.

5) 5단계 실천 의지 확인하기Will: 당신은 무엇을 실천하겠는가

환자로 하여금 코칭과정 전체를 정리하고 행동 계획의 실천을 다짐하며 환자의 행동 실행에 대한 피드백 방법을 정하게 하는 과정이다. 환자가 행동 계획을 실행에 옮겼을 때 자기 보상을 주는 방법을 마련해 주고 변화된 행동에는 새로운 장애물이 생길 수 있음을 알려 주되 행동실행에 대해 지나친 부담은 주지 않는다. 이때 코칭이 종료된 뒤에 환자의 행동변화가 있어야만 코칭의 목표가 실현될 수 있으므로 환자를 강력하게 개입시키며 앞으로도 의사가 계속 지원할 것을 약속하고 코칭을 마무리한다.

실천 의지를 확인하기 위해서는 "당신이 이 계획을 성공적으로 실행했다는 걸 어떻게 알 수 있을까요?" "이 계획을 실행하고 나면 스스로에게 어떤 보상을 하시겠습니까?" "앞으로 어떤 부분에서 의사의 도움이 필요할까요?" "합의된 행동을 하는 데 어느 정도의 실천의지를 가지고 있는지 1~10까지의 수치로 말씀해 주시겠어요?" "10이 되지 못하게 방해하는 건 어떤 것들인가요?" 등의 질문을 한다. 코칭이 종료된 뒤에는 "이제까지의 과정을 요약해 주시겠어요?" "마무리하면서 새롭게 생각나는 것이 있으신가요?"와 같은 질문으로 정리한다.

4. 환자코칭 기술

보통의 의사소통과 마찬가지로 듣기와 말하기로 나누어 적극적 경청 및 질문하기와 피드백 기술을 사용한다. 적극적 경청기술은 앞부분에서 설명하였으므로 여기서는 질문하기와 피드백기술만을 설명한다.

1) 질문하기

환자는 질문을 받고 대답하기 위해 자신의 생각을 열고 자신의 문제에 대해 여러 각도로 고찰하면서 자신의 문제를 자각하게 된다. 이때 문제에 대한 자각은 코칭을 통해 해결방법을 스스로 찾을 수 있도록 도와줄 수 있으므로 변화의 결정적인 요소라고 할 수 있다. 질문할 때는 한 번에 두 가지 사실을 묻지 않도록 하여 환자가 질문공세에 시달린다고 느끼지 않도록 한다. 비본질적이고 추상적인 질문은 환자를 지치게 하므로 삼가하며 "술을 끊어야 하는데 방법을 모르겠어요."라고 말하는 환자에게 "어떻게 하면 술을 끊을 수 있을까요?" 식의 환자의 말을 되묻는 질문은 하지 않는다. 때로 환자가 질문에 대한 답을 모르거나 충분한 답을 할 수 없는 경우 의사가 답을 제안하는 질문을 할 수 있으나 환자가 수용할 수 없을 정도의 무분별한 조언이나 자신의 경우를 예를 들어 설명하는 일은 삼간다.

질문하기에서 사용되는 질문은 개방형 질문, 어떻게 질문, 미래지향적 질문의 세 가지로 나눌 수 있다.

(1) 개방형 질문

깊이 생각을 해야만 대답할 수 있는 질문으로 환자의 자유로운 진술을 유도해 포괄적인 정보를 얻을 수 있으며 환자의 관점, 의견, 생각, 감정까지도 이끌어 낼 수 있다. 반면 폐쇄형 질문은 2개 이상의 답변 가운데 하나를 선택하는 질문으로 환자가 큰 고민 없이 한 가지를 선택하면 되므로 한정된 정보만을 얻게 된다.

(2) 어떻게 질문

환자의 바람직하지 못한 행동이나 질병의 이유를 파악할 때 쓰이며 상황을 긍정적으로 볼 수 있도록 도와주고 환자가 방어 자세를 취하지 않게 해 주는 질문이다. 반면 '왜' 질문의 경우 정보를 구하거나 이유를 물을 때 많이 쓰고 과거에 이미 한 행동에 대한 설명이나 변명을 요구하며 불쾌감이나 비난의 뜻을 함축하고 있어 질문을 받은 사람이 당황하여 답변을 숨기거나 공격받고 있다고 느껴 방어 자세를 취하게 된다. 따라서 "왜 담배를 계속 피우세요?"라고 질문하기보다 "어떻게 하면 담배를 끊을 수 있을까요?"라고 묻는 편이 좋다.

(3) 미래지향적 질문

과거에 잘못한 내용을 묻기보다 앞으로 어떻게 개선해 나갈지를 묻는 미래형의 단어가 포함된 질문을 통하여 미래의 행동과 가능성에 초점을 두므로 환자는 희망을 가지고 치료에 임할 수 있게 된다.

2) 피드백 기술

피드백(feedback)은 코칭의 마지막 단계로 코칭 목표를 지금까지 얼마나 달성했는지를 평가하고 부족한 부분을 보완해 주기 위한 방법이다. 의사는 주기적으로 환자에게 무엇을 잘 하고 있는지, 또 더욱 발전하기 위해 무엇을 해야 하는지 등 환자의 행동에 대해 구체적으로 표현해 주어 앞으로 어떻게 행동할 것인가에 대한 가이드라인을 제공해 환자가 자신의 장단점을 알고 지속적인 성장을 할 수 있도록 돕는다.

피드백은 크게 어떤 행동이 반복되도록 하는 지지적 피드백(supportive feedback), 행동의 변화를 일으키는 교정적 피드백(corrective feedback), 상대방에게 상처와 절망을 초래하는 학대적 피드백(abusive feedback), 그리고 하나마나한 무의미한 피드백(insignificant feedback)의 네 가지로 나눌 수 있다. 코치는 환자의 잘 한 행동이 반복되고 구체화될 수 있도록 지지적 및 교정적 피드백과 같은 긍정적 피드백을 주며 상황에 따라서 잘못된 행동을 지적하는 부정적 피드백을 줄 수 있으나 이때는 반드시 긍정적인 면을 동시에 강조해 주어 학대적 혹은 무의미한 피드백이 되지 않도록 한다. 또한 정확한 관찰에 근거하여 실제로 일어난 일에 대해서만 구체적으로 피드백을 준다. 피드백은 지속적으로 개발하고 향상시켜야 할 행동에 중점을 두어 환자 스스로 자신의 행동의 효과와 적합성을 되돌아보고 개선된 행동을 실천하게 한다. 요점을 명확히 말하고 돌려서 말하지 않으며 한꺼번에 너무 많은 피드백을 주거나 애매하거나 어설픈 칭찬은 피한다. 피드백을 준다는 것은 내가 다른 누군가를 도와줄 수 있는 기회를 갖는 것이며 자신의 심정을 털어놓는 시간이 아니라는 것을 명심하고 피드백을 주는 사람의 감정이 침착하고 객관적이 되도록 노력한다.

코칭을 통하여 환자는 스스로 자신의 질병이나 나쁜 생활습관에 대해 자각하고 건강을 회복하고자 하는 동기부여를 갖게 되며 치료를 위한 최선의 노력을 기울이게 된다. 또한 의사는 환자와의 관계형성을 통해 환자의 건강과 삶에 기여했다는 만족과 보람을 느낄 수 있다. 환자와 의사 모두에게 최선의 결과를 통한 성취의 기쁨을 누리게 할 수 있는 방법이 환자코칭이라고 할 수 있다.

실습과제

1. 3명이 한 조가 되어 환자, 의사(코치), 관찰자의 역할을 맡는다.

2. 환자는 코칭받고 싶은 주제를 말하고 코치는 환자코칭 기술에 주의하며 코칭한다.

3. 관찰자는 코칭이 진행되는 동안 다음 표를 이용해 코칭 기술을 확인한다.

4. 10분이 지나면 환자와 코치는 자신의 느낌을 말하고 관찰자는 피드백을 한다.

5. 역할을 바꾸어 동일하게 실시한다.

사례(간단하게 기록)

회	목표 설정	현실 파악	핵심필요 인식	대안 탐색	실천의지 확인
			환자코칭 과정(5단계) 관찰표		
1					
2					
3					
4					
5					
6					
7					
8					
9					
10					

횟수	열린 질문	어떻게 질문	미래지향적 질문	지지적 피드백	교정적 피드백	부정적 피드백 (긍정요소 포함)
			질문하기와 피드백 기술 관찰표			
1						
2						
3						
4						
5						
6						
7						
8						
9						
10						

참고문헌

이희경(2005). 코칭입문. 서울: 교보문고.

Lloyd M, Bor R. (2009). Communication skill for medicine (3rd ed.). Churchill Livingstone.

Platt FW, Gordon GH. (2008). Field guide to the difficult patient interview (2nd ed.). 이영미 외 공역(2008). 어려운 진료상황에 대처하는 의사소통 실전가이드. 서울: 청운.

Whitmore J. (2007). Coaching for performance: GROWing people, performance and purpose (3rd ed.). 김영순 역(2007). 성과 향상을 위한 코칭리더십. 파주: 김영사.

Williams R. (2007). Tell me how I'm doing: A fable about the importance of giving feedback. 이민주 역(2007). 사람을 움직이는 힘 피드백 이야기. 서울: 토네이도.

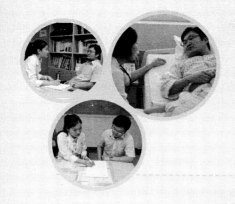

11

나쁜 소식 전하기

이정권(성균관대학교 의과대학)
손영수(제주대학교 의학전문대학원)

☞ 학/습/목/표

1. '나쁜 소식'을 전달하기에 적절한 환경과 장소를 선정할 수 있다.
2. 환자의 충격을 최소화할 수 있는 준비대화를 할 수 있다.
3. 상태나 질병에 대한 환자의 생각이나 감정(걱정)을 파악하는 질문을 할 수 있다.
4. 진단명이나 상태를 솔직하고 명료하게 전달할 수 있다.
5. 환자의 이해 수준에 맞추어 치료, 예후 등의 정보를 제공할 수 있다.
6. 나쁜 소식 전달과정에서 환자의 감정을 파악하고 적절히 반응할 수 있다.

11 CHAPTER 나쁜 소식 전하기

　나쁜 소식을 들었던 진료 경험은 환자와 그 가족의 기억 속에 오래 남는다. 나쁜 소식의 내용뿐 아니라 전달되는 과정에 따라 정서적 충격이 달라진다. 평생 살아가는 동안 나쁜 소식을 전할 때가 어떤 사람에게서도 일어나겠지만 특히 의사에게는 정기적으로 이런 일이 생긴다. 암과 같은 질병의 진단 통보, 나쁜 예후 정보, 더 이상 완치 가능한 치료가 없다는 결정, 임박한 죽음의 통보, 사랑하는 가족의 죽음을 알리는 것과 같이 심각한 상황 뿐 아니라 단순한 질병의 통보라도 환자가 전혀 예상하지 않았다든지 환자의 배경에 따라 나쁜 소식이 된다.

　나쁜 소식의 정의는 '한 사람의 미래 전망을 해롭게 바꾸는 모든 정보' 혹은 '소식을 받은 후 그 사람에게서 한동안 지속되는 인지, 행동, 감정의 장애를 초래하는 소식'이다. 이 정의에 따르면 그 소식이 나쁜지 여부는 소식을 들은 개인의 주관적인 판단에 달렸고 개인의 경험에 따라 다르게 인식될 수 있다.

　환자에게 나쁜 소식을 전하는 일은 임상의에게서 가장 힘든 상황이다. 환자에게 진실을 말하고 정직해야 한다는 원칙은 의학의 다른 윤리에 비해 비교적 새로운 개념이다. 치명적 질병을 환자에게 알림으로써 삶의 의지를 꺾어 환자에게 해를 끼칠 수 있다는 의학의 온정주의적 전통이 오랫동안 지배해 왔다. 그러나 현대 의료윤리의 기본 원칙인 환자의 자율성과 자기결정권 존중이 강조됨에 따라 진실을 알리고 환자가 치료를 선택(혹은 거절)할 권리를 중시하게 되었다. 실제로도 모든 환자가 진단과 예후를 알기 원하고 그런 지식이 해를 끼치기보다 도움이 된다. 영국 암 환자 대상의 연구에서 환자 대부분은 암 진단과 관련해서 정보 요구가 있었고 치료 결정에 참여하고 예후를 알고 싶어 했다. 또 환자 대부분은 동정심 없고 비관적인 의사의 태도가 가장 큰 불만이었다. 의사에게 어려운 점은 환자의 정보 요구에 어떻게 응하며, 희망을 주면서도 비현실적인 기대를 주지 않느냐 하는 것이었다. 한국에서 시행된 암 환자와 그 가족의 말기 암 통보에 대한 조사연구에서 대부분의 환자(96%)가 직접 통보받기 원하고 78%가 알릴 사람이 의사라고 하였으며 72%가 진단된 후 즉시 통보해야 한다고 답하였다. 또한 의사로부터 말기암임을 통보받은 환자가 상태 악화로 인해 말기암임을 짐작한 환자보다도 삶의 질이 나았고 증상이 적었으며 정서적 고통도 적었다.

1. 의사소통 기술

나쁜 소식 전하기에 자주 쓰이는 좋은 의사소통 기술은 다음과 같다.

- 인정: 환자의 감정이나 의사소통 장애에 이름 붙이기.
  예 "아마 화가 난 것 같군요."

- 탐색: 환자로부터 더 많은 정보를 얻기 위한 말.
  예 "방금 무섭다고 하였는데 더 말씀해 주세요."

- 공감: 다른 사람의 경험을 이해하였음을 표현하는 말.
  예 "이런 상황이 얼마나 힘들지 잘 압니다."

- 정당화: 환자가 표출한 감정과 의견이 정상이며 정당하다고 하는 말.
  - 예 "이런 이야기는 정말 가슴 아픈 일입니다. 누구나 그렇게 여길 것입니다."

- 요약: 들은 말을 다시 말하고 확인하는 말.
  - 예 "제가 제대로 들었는지 확인해 보겠습니다. 말씀하시기를……."

- 경고: 나쁜 소식임을 시사하는 말로 소식을 전하기 전에 미리 경고하는 말.
  - 예 "오늘 검사결과를 말씀 드리겠습니다. 그런데…… 좋지 않은 소식입니다."

- 소원: 환자의 소원대로 되기를 바라지만 은근히 그런 일이 일어나지 않을 것임을 시사하는 말.
  - 예 "더 좋은 치료방법이 있었으면 참 좋겠습니다……."

- 지지: 계속적인 도움을 줄 것이라는 말.
  - 예 "앞으로 어떤 일이 있더라도 옆에서 지켜보고 도와 드릴 것입니다."

- 정보량 제한: 한 번에 제공되는 정보량을 줄여서 이해했는지 확인. 보통 세 문장 정도로 끊어서 정보를 반복적으로 제공한다.
  - 예 "남편께서는 며칠 동안 잘 먹지 못하였습니다. 회복하시기 힘들 것 같습니다. 앞으로 수일 내에 더 나빠질 것입니다."

2. 나쁜 소식 전하기의 SPIKES 모델

복잡한 임상 상황을 여섯 가지 단계로 나누어서 연습하기 좋게 만든 SPIKES 모델은 Setting(S), Perception(P), Invitation(I), Knowledge(K), Emotion/Empathy/Exploration(E), Strategy/Summary(S)의 영어 두문자로 만든 약어다.

1) 1단계: 준비 SETTING UP the interview

힘든 과제를 미리 준비하는 정신적인 연습이 필요하다. 별도 방을 이용하는 것이 좋고 다인용 병실이라면 환자 침상 주위로 커튼을 쳐서 환자의 사생활을 보호한다. 가족도 함께 있도록 한다. 서서 말하기보다 앉는 것이 서두르지 않는 인상을 준다. 눈을 적절히 맞추고 필요하면 손을 맞잡는 행동이 관계형성에 도움이 된다. 방해받지 않도록 휴대전화를 진동으로 하거나 다른 사람에게 맡겨 놓는다.

2) 2단계: 환자의 이해 정도 평가 Assessing the patient's PERCEPTION

말하기 전에 먼저 물어보라는 것이다. 개방형 질문으로 환자가 자신의 상태를 얼마나 잘 이해하고 있는지 확인한다. "조직검사를 한 이유를 어떻게 이해하셨습니까?" "현재까지 자신의 건강상태에 대해 얼마나 알고 있습니까?" (순환적인 과정이므로 건강상태를 통보한 다음이라면) "○○○에 대해 무엇을 알고 있습니까?" 이런 질문에 대한 정보를 기초로 환자에게 전할 나쁜 소식을 환자의 이해 정도에 맞출 수가 있고 환자의 병에 대한 부정(否定)이나, 비현실적인 기대를 파악할 수 있다.

3) 3단계: 환자의 초대 얻기Obtain the patient's INVITATION

　　환자 대부분은 진단, 치료, 예후 등 질병의 세세한 정보를 모두 알고 싶어 하지만 일부 환자는 그렇지 않다. 환자의 정보 욕구를 명확하게 안다면 나쁜 소식을 밝힐 때 수반되는 걱정을 덜 수 있을 것이다. 한편으로 정보 차단이 심리적 대처기전이기도 한데 심각한 질병일수록 더 그렇다. "검사결과를 어떻게 전해 주길 원하십니까? 모든 정보를 다 알려 드릴까요, 아니면 그건 간단히 말하고 앞으로 치료 계획을 자세히 말씀드릴까요?" 환자가 자세한 사항을 알고 싶어 하지 않는다면 나중에 말할지 혹은 가족에게 전할지를 제안한다.

4) 4단계: 환자에게 지식과 정보 주기

Giving KNOWLEDGE and information to the patient

　　나쁜 소식을 전할 것이라는 경고는 상황이 밝혀진 다음에 나타날 충격을 완화한다. "안됐지만 말씀 드릴 소식이 안 좋습니다." "이런 말씀 드려서 죄송한데……."

　　의학적 사실을 전달할 때는 환자의 이해 정도에 맞춰서 어휘를 선택하고, '전이' 대신에 '퍼졌다', '생검' 대신에 '조직검사'와 같이 의학용어를 쉽게 풀어 써야 한다. 지나치게 무뚝뚝하고 거친 의사의 말(예: "아주 안 좋은 암에 걸려서 즉각 치료받지 않으면 살기 힘듭니다.")은 환자의 소외감과 분노를 일으킨다. 정보량은 잘게 쪼개서(보통 한 번에 세 가지 정도) 전달하고 정기적으로 환자의 이해 정도를 확인하다. 일방적인 강의식 정보 제공은 피하고 환자와 보조를 맞추어 정보를 전달하여야 한다. 예후가 아주 좋지 않을 때 "더 이상 할 것이 없습니다."와 같은 말은 피한다. 이런 말은 환자에게 증상완화와 통증조절 같은 다른 중요한 치료 목표가 있다는 사실과 배치되기 때문이다.

5) 5단계: 환자의 감정에 대한 공감과 탐색
Addressing the patient's EMOTION with EMPATHIC responses and EXPLORATION

환자의 감정을 다루는 것이 나쁜 소식 전하기에서 가장 어려운 부분이다. 환자의 감정 반응은 침묵에서부터 불신, 부정, 분노, 울음에 이르기까지 다양하다. 환자가 처음 보이는 반응은 충격과 소외, 슬픔의 표시다. 이런 상황에서 공감적인 응답으로 환자에게 지지와 연대를 표시할 수 있다. 공감응답은 4단계로 구성된다. 처음 환자의 감정을 관찰한다. 다음에 환자가 표현한 감정에 스스로 이름을 붙여서 확인한다. 환자가 슬퍼 보이지만 침묵한다면 개방형 질문으로 환자가 무슨 생각을 하는지 어떤 기분인지 물어본다. 이어서 그런 감정을 느끼는 이유를 확인한다. 대개 나쁜 소식과 연결되겠지만 확실하지 않다면 환자에게 물어본다. 마지막으로 환자에게 감정을 토로하도록 시간을 준 다음 의사도 그런 감정을 느낀 이유와 연결된 감정임을 알도록 반응한다. 예를 들면 다음과 같다.

> 의사: 이런 말씀을 드려 미안합니다만, CT 결과 항암치료가 잘 듣지 않습니다. 안됐지만 암이 더 자랐습니다.
> 환자: 아, 이럴까 봐 걱정했어요! (울음을 터뜨린다.)
> 의사: (환자에게 가까이 다가가서 휴지를 건네면서) 듣고 싶었던 말이 아니라는 것을 잘 압니다. 더 좋은 소식이기를 바랐습니다.

환자의 감정이 정리되지 않으면 다른 문제로 논의를 진행하기 어렵다. 감정이 쉽게 누그러지지 않으면 반복되는 공감응답으로 환자가 차분해질 때까지 기다린다. 환자가 계속 침묵한다면 공감응답 전에 탐색 질문을 해야 한다. 환자의 감정이 모호하거나 넌지시 표현되거나 실망이나 분노가 위장되어 있다면(예: "항암치료로 고생해야 한다는 말이네요.") 다시 한 번 공감응답이 필요하다("제가 전한 말에 마음이 상하신 것 같습니다."). 공감, 탐색, 정당화 같은 소통기술은 환자를 지지하는 강력한 수단이다.

6) 6단계: 전략과 요약STRATEGY and SUMMARY

미래 계획이 명확하면 불확실성과 불안이 감소한다. 치료 계획을 세우기 전에 환자가 그런 논의를 할 준비가 되었는지 물어본다. 여러 가지 치료 선택을 제시함으로써 환자의 소원을 중시하고 있음을 보여 준다. 의사 결정에서 환자와 책임을 공유함으로써 만약에 치료가 성공적이지 못했을 때 생기는 의사 편에서의 실패감을 덜 수 있다. 환자의 잘못된 이해를 확인해서 치료 효과의 과대평가 혹은 치료 목적의 오해를 피할 수 있다.

이러한 SPIKES 모델은 잊지 않고 쉽게 실행하도록 단계별로 고안되었지만 실제 상황에서는 일련의 직선적인 과정으로 진행되는 것은 아니다. 한 단계를 건너뛰기도 하고 다시 전 단계로 돌아가기도 하면서 순환적이고 반복적으로 계속 진행됨을 알아야 한다. 준비 단계(1단계)를 거친 후 바로 진단명을 말해 주고(4단계), 환자의 걱정과 질문이 나오면 다시 환자의 이해 정도를 평가(2단계)하고, 그 응답에 공감하고(5단계), 이런 과정이 반복된 후 앞으로의 계획을 논의(6단계)하는 식이다. 미리 연습하더라도 나쁜 소식이라는 판단이 수용자의 주관적 견해에 딸려 있으므로 많은 임상 상황에서 어떤 경우가 나쁜 소식 전하기의 상황이 될지 미리 알기 어렵다. 마치 어떤 환자가 세균감염이 되었는지 모르기 때문에 모든 환자의 접촉 전후에 손을 소독하는 것처럼 나쁜 소식 전하기의 절차는 모든 환자에게 적용될 수 있다.

의사가 나쁜 소식을 환자에게 진실되게 말할 때 거북하게 느끼는 것은 당연하다. 이런 거북함은 환자 기대가 무엇인지 알 수 없다는 점, 환자의 희망을 파괴한다는 두려움, 통제할 수 없는 질병에 대한 열패감, 환자의 예상되는 감정 반응에 대한 준비 부족 등에서 비롯된다. 따라서 환자의 기대, 생각, 희망을 탐색하여 환자가 처한 상황을 이해함으로써 이런 어려움을 극복할 수 있다.

3. 환자의 소망을 다루기

완치 가능성이 없는 말기암 통보의 경우에는 더욱더 나쁜 소식의 전달이 희망의 박탈과 연결된다는 두려움이 크다. 이를 해소하기 위해서 우리는 희망을 재구성할 필요가 있다. 일반적인 희망에서 구체적이고 특정한 희망으로 이행하도록 돕는 것이다. 예를 들어, "완치를 희망하시는 것, 잘 압니다. 저도 절실히 바랍니다. 만약에 그렇지 못할 때 혹시 다른 단기간의 목표가 있을까요?"

환자가 지나치게 비현실적인 기대 속에서 가망이 없는 치료에 희망을 가질 때는 "최선의 결과를 희망하되 최악의 경우를 준비한다."라는 말을 상기시킨다. "일이 뜻대로 안 될 경우를 생각해 본 적이 있습니까? 최악의 경우에 대비해서 계획을 세워 놓으면 희망하시는 최선의 결과에 집중하기가 쉽습니다."가 예에 속한다. 또한 긍정의 힘을 잊지 않고 또 다른 선택의 길을 제시한다. "지금까지 남아 있는 치료법을 이야기하였고…… 효과가 없어서 권할 수가 없습니다. 그러나 여전히 도와 드릴 것이 많습니다. 그런 이야기를 해 봅시다."

실습과제

1. 진료 중간의 의사-환자 간 대화

환자의 반응에 어떻게 응답할 것인가? 각 조원들의 응답을 서로 비교하고 토의하시오. 다양한 응답이 있을 수 있고 각 응답에 따라 좋은 의사소통이라면 이후 면담이 어떻게 진행될지 토의하시오.

1) 건강검진에서 혈당 검사 이상으로 재검진 후 결과를 보러 온 환자

의사: 다시 검사한 결과를 보면 당뇨병이 생긴 것 같습니다.
환자: (걱정스러운 표정으로) 혹시 오진 가능성은 없습니까?
의사: _____

2) 대장암 환자가 한 사이클의 항암치료를 받고 검사 후 결과 확인 차 내원한 환자

의사: 이런 말씀 드리기 너무 미안하지만…… (잠시 뒤) 암이 더 자랐습니다.
환자: (낙담한 표정으로) ……. (계속 아무 말이 없다.)
의사: _____

3) 유방 멍울로 찾아온 환자를 진찰한 후

의사: 조직검사를 해 봐야 하겠습니다. 큰 병원으로 의뢰해 드릴게요.
환자: (놀란 표정으로) 그럼…… 암이에요? 아, 어떡하지. (울먹인다.)
의사: _____

4) 복부손상으로 응급수술을 마친 후 보호자 대기실에서 환자 부인을 만나서

의사: 복부 장기가 너무 심하게 다쳐 위독합니다. 회복 여부가 불투명합니다.
환자 부인: 그럼…… 우리 그이는 죽어요?
의사: _____

참고문헌

Barclay JS, Blackhall LJ, Tulsky JA. (2007). Communication Strategies and Cultural Issues in the Delivery of Bad News. Journal of Palliative Medicine, 10(4): 958-77.

Brown VA. et al. (2011). Patient preferences for the delivery of bad news-the experience of a UK Cancer Centre. European Journal of Cancer Care, 20(1): 56-61.

Yun YH. (2003). The Attitudes of Cancer Patients and Their Families Toward the Disclosure of Terminal Illness. Journal of Clinical Oncology, 22(2): 307-14.

Yun YH. et al. (2010) Experiences and Attitudes of Patients With Terminal Cancer and Their Family Caregivers Toward the Disclosure of Terminal Illness. Journal of Clinical Oncology, 28(11): 1950-57.

Baile WF. et al. (2000). SPIKES-a six-step protocol for delivering bad news: application to the patients with cancer. The Oncologist, 5: 302-11.

Eggly S. (2006). Discussing Bad News in the Outpatient Oncology Clinic: Rethinking Current Communication Guidelines. Journal of Clinical Oncology, 24(4): 716-19.

Tulsky JA. (2005). Beyond Advance Directives: Importance of Communication Skills at the End of Life. JAMA: The Journal of the American Medical Association, 294(3): 359-65.

Whitney SN. et al. (2008). Beyond breaking bad news. Cancer, 113(2): 442-5.

12

동의서 받기

박재현(경희대학교 의학전문대학원)
유용운(대구가톨릭대학교 의과대학)

●◆ 학/습/목/표

1. 충분한 정보에 근거한 동의의 윤리적 중요성을 설명할 수 있다.

2. 설명 동의를 받을 때 제공하여야 할 정보를 나열할 수 있다.

3. 설명 동의를 받을 때 동의서 양식을 적절하게 활용할 수 있다.

12 CHAPTER 동의서 받기

1. 설명 동의란

충분한 정보에 근거한 동의(informed consent, 이하 설명 동의)는 특정 진료과정(진찰, 검사, 시술, 치료)에 대해 의료진이 설명을 하고 환자는 설명을 이해한 후에 특정 진료과정을 의료진이 시행해도 좋다고 동의하는 과정이다. 특히 치료에 대한 설명 동의에 있어서는 실현 가능한 모든 치료법을 설명한 뒤 권장되는 치료법을 소개함으로써 특정 치료법에 대해서 환자가 자발적으로 동의하거나 거부할 수 있도록 하여야 한다.

2. 동의서 받기의 윤리적/법적 중요성

설명 동의는 환자의 권리와 자율성이 강조되는 현대 의료에서 매우 중요하다. 자신의 몸과 생명에 대한 결정을 하고 의사에게 권한을 위임하여야 하는 환자에게 설명 동의는 단순히 인쇄된 동의서를 읽어 보고 서명을 하는 행위에 그치지 않는다. 설명 동의의 세 가지 필수 요소는 충분한 정보의 제공과 환자의 이해, 그리고 환자의 자발적인 동의다. 이 세 가지 중에 어느 하나라도 충족되지 않으면 제대로 된 동의가 아니다. 설명 동의는 진료 현장뿐만 아니라 인간을 대상으로 한 임상 시험에서도 매우 중요한 문제다. 대부분의 의사와 환자들이 동의서는 수술이나 마취와 같은 위험 부담이 큰 의료 행위에서만 받는 것이고 상대적으로 위험 부담이 작거나 일상적인 진료행위에서는 필요 없는 것으로 인식하고 있으나 거의 모든 의료행위에는 설명 동의가 있다고 보는 것이 합리적이다. 왜냐하면 전문가가 아닌 환자가 전문적인 이해를 필요로 하는 의료행위의 의미를 100% 이해하기는 힘들고, 의료행위의 많은 부분이 침습적인 특성이 있으며 또 개인의 사생활과 관련된 부분도 많아서 거의 모든 의료행위에는 동의과정이 있다고 할 수 있기 때문이다.

3. 동의서 받기와 의사소통

아무리 설명 동의가 중요하다고 해도 이를 실천하는 것은 환자와의 의사소통을 거쳐서 할 수밖에 없다. 극단적인 경우에는 어떻게 의사소통하느냐에 따라 환자가 동의서에 서명을 할 수도 있고 서명을 거부할 수도 있는 상황이 연출된다. 어찌 보면 동의서 받기는 의사소통의 본질, 핵심이라고 할 수 있다. 전문가가 아닌 일반인으로서의 의사소통에 국한한다면 의료커뮤니케이션이 그리 어렵지 않을 수 있고 상담과 비슷할 수도 있다. 그러나 의료는 환자의 동의를 전제로 진행되는 행위이기 때문에 어떻게 의사소통을 하느냐에 따라 환자의 신뢰와 예후 등에 영향을 미친다. 또 많은 의료 갈등 상황이 설명 동의와 관련하여 생기기 때문에 동의서 받기와 의사소통은 의료에서는 핵심과 핵심의 만남이라고 할 수 있다.

4. 설명 동의의 구성 요소

구성 요소를 다양한 방식으로 설명할 수 있지만 여기에서는 다섯 가지 요소로 설명하고자 한다. 설명 동의의 핵심은 의사결정 능력, 정보의 제공, 이해, 자발성, 동의의 다섯 요소라고 할 수 있다.

- **의사결정 능력** : 어떤 사람이 결정을 내리고 이에 책임을 지는 능력을 가짐을 의미하는 법률적 용어이며 의료 분야에서도 같은 의미로 쓰인다. 환자는 스스로 결정할 수 있는 역량을 가지고 있어야 한다. 모든 성인은 자신의 행위에 책임을 질 수 있다고 간주된다. 그러나 의사 결정 능력은 나이나 질병 등 여러 가지 이유로 약화되거나 없어질 수 있다.
- **정보의 제공** : 의사는 반드시 환자에게 환자가 이해할 수 있는 방식으로 충분한 정보를 제공하여야 한다. 의료진은 환자에게 조치하는 특정 진료과정에 대한 다양한 방법 및 각 방법들의 잠재적 위험 요소 및 이익, 그리고 이들의 예상 발생률에 대해 구체적으로 설명해야 한다.
- **이해** : 환자는 의료진의 구체적인 설명을 충분히 이해해야 한다. 환자의 이해를 돕기 위해서는 전문 용어를 피하고 일상적인 언어를 사용하여야 한다.
- **자발성** : 환자는 타인의 강요가 배제된 상태에서 자의로 동의해야 한다. 이때 의사나 가족의 압력이 없어야 한다.
- **동의** : 환자가 동의를 한다는 것은 단순히 동의서에 서명을 하는 행위에 머무르지 않고 의사에게 자신의 몸과 생명에 대한 일정한 권한을 위임하는 것이다. 설명 동의의 목적은 환자가 자신의 몸에 생길 수 있는 문제를 인식하고 자율적인 결정을 하게 하는 것이다.

5. 의사결정 능력

설명 동의 과정에서 의사는 환자의 의사결정 능력(competence or decision-making capacity)을 판단할 때 다음 네 가지를 고려하여야 한다.

- 의사결정 능력은 가능한 선택들(options)에 대한 설명을 듣고 이해한 후에 합리적인 추론을 통해 특정 옵션을 선택하는 능력이다.
- 환자는 여러 옵션들을 이해하고 각 옵션으로 도출되는 결과를 이해하며 각 옵션에 따른 손익에 대한 평가와 이를 현실적으로 조율하는 능력을 갖추어야 한다.
- 환자의 의사결정 능력에 문제가 있으면 가족 혹은 법적 대리인이 결정을 대신할 수 있다.
- 환자가 의사결정 능력을 가지고 있다고 해서 반드시 좋은 결정만 내릴 수 있는 것은 아니다. 또한 나쁜 결정을 하게 되었다고 해서 환자가 결정능력이 없다고 할 수는 없다.

6. 환자에게 제공하여야 할 정보

의사는 환자가 정확한 결정을 할 수 있도록 충분한 양의 정보를 제공해야 한다. 그러나 정보를 많이 제공하는 것이 무조건 좋은 것은 아니다. 사람에 따라 차이가 있겠지만 환자에게는 검사, 시술 혹은 치료과정에 대해 이해할 수도 없는 과다한 양의 정보가 필요한 것이 아니라 합리적인 판단을 내리는 데 도움이 되는 수준의 위험 요소의 종류와 발생 빈도 그리고 이로움을 받는 요소에 대한 정보를 제공해야 한다. 의료진이 진료과정에서 환자에게 알려야 하는 설명 내용을 진찰, 검사, 치료의 진료 흐름에 따라 정리하면 다음과 같다.

- 진찰 목적과 진료과정에서의 문제점에 대한 설명
- 검사 및 촬영 목적과 진료과정에서의 문제점에 대한 설명
- 진단된 질병에 대한 설명
- 진단된 질병의 권장되는 치료법의 장점 및 합병증에 대한 설명
- 진단된 질병에 대한 타 치료법들의 장점 및 합병증에 대한 설명
- 진료과정의 보험 적용 여부에 대한 설명
- 치료를 하지 않았을 때 진단된 질병의 자연 경과에 대한 설명

설명 내용은 의사가 시행하고자 하는 의료행위 또는 시술, 검사에 따라 다르겠지만 여기서는 수술을 예로 들어 환자에게 제공하여야 할 정보의 구체적인 예를 설명하려 한다.

- 질병의 특성
- 수술의 목적
- 수술의 적응증
- 어떤 수술을 할 것인가?
- 마취의 종류와 위험
- 수술의 위험(일반적 위험, 특정 환자에 대한 위험)
- 대안
- 수술을 받지 않으면 어떻게 되나?
- 회복 기간

7. 실제적인 의사소통 기술

- 먼저 충분한 대화를 할 수 있는 시간과 장소를 확보하여야 한다. 충분한 설명을 할 시간이 없는 상황에서 제대로 된 동의서를 받기는 불가능하다. 환자의 사생활을 보호하면서 적절한 시청각 자료를 활용할 수 있는 공간에서 동의서 받기가 이루어져야 한다.
- 무엇보다 먼저 자신을 소개하라. 전공의로서 동의를 받는다면 지도의사와 팀이 되어 자신이 동의서를 받는 것이라고 소개하는 것이 좋다.
- 적절한 비언어적 소통을 하라.
- 경청하라.
- 나의 감정을 표현하라.
- 위장이 아닌 진정한 공감을 표현하라.
- 섣부른 암시나 해결책을 제시하지 마라.
- 전문용어를 사용하지 마라.
- 개방형 질문과 폐쇄형 질문을 적절히 조화시키라.
- 일상용어를 사용하라.

8. 예외적인 상황의 동의서 받기

응급 상황, 소아, 고령 환자, 정신·신체적인 장애 등 의사 결정 능력이 없거나 모호한 상황에서는 설명 동의의 형태가 달라진다. 여기서는 소아 환자의 설명 동의에 대해서만 간단히 설명하려 한다. 어린이에게 일반적인 설명 동의를 적용하는 것은 문제가 있다. 소수의 경우 의사결정 능력을 가진 어린이도 있지만 대부분은 이를 수용할 법적 권한이 없으므로 부모나 법적 대리인이 아이의 치료에 대한 설명 동의를 대신한다. 이런 경우에도 가능하면 아이의 동의를 구할 수 있으면 더 좋겠다. 대개 부모는 아이의 이익을 가장 잘 대변한다고 간주되지만 부모 사이에 갈등이 있는 경우에는 의료진의 판단이 우선되는 경우도 있고 아동학대처럼 분쟁의 소지가 있는 경우에는 법적인 보호 장치를 이용할 수도 있다. 수혈과 같은 특정 치료에 대한 동의가 이루어지지 않으면 법원에서 특정 치료를 지시할 수도 있고, 법원이 지정한 후견인을 통해 의학적 결정을 할 수도 있다.

9. 공동 의사결정

최근에는 '충분한 정보에 근거한 동의(informed consent)'보다는 '공동 의사결정(shared decision making)'이라는 용어를 사용하려는 경향이 있다. 공동 의사결정의 용어를 사용한다고 해서 무조건 환자의 자율성을 더 존중한다고 할 수는 없지만 의사가 중심이 된 설명 동의가 아니라 의사와 환자가 함께 결정한다는 의미에서 공동 의사 결정의 용어가 더 환자 중심적이라 할 수 있다. 용어의 사용에 앞서 공동 의사 결정의 용어 바탕에 있는 환자 중심의 의미를 수용하는 것이 적절하다. 공동 의사 결정이 되려면 무엇보다 중요한 것이 환자와 의사 사이에서 서로의 의견을 수용하는 것이다. 수용 원칙뿐만 아니라 실질적이고 활용 가능한 구체적인 기술이 필요하다.

실습과제

1. 내과 전공의 1년 차로서 심근경색증으로 심도자술을 앞두고 있는 환자를 대상으로 동의서를 받아 보라.

2. 병원에서 쓰이고 있는 동의서를 2개 이상 찾아서 검토해 보라.

참고문헌

류화신(2009). 임상 시험 법률 관계에서 미성년자 동의 능력의 문제. 한국의료윤리학회지, 12: 165-76.

안선화 외(2009). 환자의 알 권리와 자기 결정. 한국의료윤리학회지, 12: 153-64.

이상목(2009). 의학적 의사 결정에서 환자의 결정과 가족의 결정. 한국의료윤리학회지, 12: 323-34.

정인숙(2010). 임상 연구에서 피험자 서면 동의의 질 평가. 한국의료윤리학회지, 13: 43-58.

현두륜(2005). 수술 동의서에 관한 법률적인 쟁점. 대한의사협회지, 48(9): 881-5.

Doyal L. (2001). Informed consent: moral necessity or illusion? Quality in Health Care, 10(Suppl 1): i29-i33.

Swindell JS, McGuire AL, Halpern SD. (2010). Beneficient persuasion: techniques and ethical guidelines to improve patients' decisions. Ann Fam Med, 8: 260-4.

White MK, Keller V, Horrigan LA. (2003). Beyond informed consent: the shared decision making process. JCOM, 10: 323-8.

13

의료오류 공개하기

이영미(고려대학교 의과대학)
김성수(부산대학교 의학전문대학원)

➡ 학/습/목/표

1. 의료오류(medical error)의 정의를 기술할 수 있다.
2. 의료오류를 인정하고 공개해야 할 윤리적 책무에 대하여 인지한다.
3. 의료오류를 공개하는 방법과 절차에 대하여 설명할 수 있다.
4. 환자와 가족에게 존중과 공감을 표현할 수 있다.
5. 상황에 따라 유감과 사과를 구분하여 표현할 수 있다.

13 CHAPTER 의료오류 공개하기

1. 의료오류 공개와 환자안전

1999년 미국의 IOM(Institute of Medicine)에서 〈To Err Is Human: Building a Safer System〉이라는 충격적인 보고서가 발표되면서 의료오류(medical error)와 환자안전(patient safety)은 의료계와 공공의 주목을 받게 되었으며 수많은 연구와 보고서를 통하여 전 세계 의료인의 관심의 대상이 되고 있다. 이 보고서에서는 미국에서 연간 의료과오로 사망하는 숫자를 98,000명으로 추정하고 있다.

실제로 의료 현장에서 발생하는 실수는 대부분의 경우 사소한 것들이지만, 때로 치명적인 결과를 초래하기도 한다. 그러나 의료오류는 단지 한 가지 개별적인 원인에 의해 발생하기보다는 복잡한 의료시스템의 일련의 과정 중에서 여러 가지 요소가 중첩되어 발생하는 경우가 대부분이다. 의료적 실수를 예방하는 것은 사과 상자 안에서 한두 개의 불량 사과를 찾아서 제거하고 교체하는 것처럼 단순한 일이 아니다. 의료오류로 인한 부정적 결과를 예방하고 환자안전을 지키는 최선의 방법은 시스템적인 접근이다. 즉, 실수를 적극적으로 공개하고 열린 토론을 통하여 미래의 동일한 실수를 예방할 수 있는 의료시스템을 만들고 유지하는 것이다. 이를 위하여 개인적/기관적 수준에서 가장 먼저 해야 할 일은 실수를 공개하고 인정하는 것이다.

의사와 환자나 가족 사이의 의사소통의 부재가 의료분쟁의 주 요인이라는 것은 주지의 사실이지만, 관행적으로 의료사고를 담당하는 변호사는 의사들에게 "아무것도 이야기하지 말 것" "미안하다는 말을 결코 하지 말라."고 조언해 왔었다. 그러나 최근 많은 연구와 단체에서는 부정적 결과와 의료오류를 밝히는 것이 오히려 의료비 배상 판정의 비용을 줄임으로써 의료분쟁으로 인한 비용을 감소시키는 효과가 있음을 제시하고 있다.

2. 의료오류 및 부작용의 정의

'의료오류(medical error)'는 치료과정으로 계획된 것이 제대로 시행되지 못하거나 계획 자체가 잘못된 것을 말한다. '부작용(adverse event)'은 환자의 질병 또는 상태로 인한 나쁜 결과가 아니라 진단과 치료를 위한 과정에서 발생하는 상해를 말하며, '우연적 또는 예방 가능한 상해(accidental or preventable injury, preventable adverse event)'라고도 부른다. 즉, 이는 의료오류로 인하여 환자에게 부정적인 결과가 초래된 것을 말한다.

3. 의료오류를 공개해야 하는 윤리적 배경

의료오류를 공개해야 하는 근본적인 이유는 의사가 가져야 하는 의료윤리 원칙 중 환자에 대한 '자율성 존중 원칙(respect for patient autonomy)'과 밀접한 연관이 있다. 자율성 존중 원칙의 일차적인 목적은 진료행위에서 일어날 수 있는 피해로부터 환자를 보호하는데 있다. 따라서 이 원칙에서는 의사들이 환자에게 진료와 관련된 충분한 정보를 제공하도록 규정하고 있다. 환자는 의사에 의한 충분한 정보 제공과 진료 전반에 대한 이해를 통해 자율적으로 의사 결정을 할 수 있게 된다.

예를 들어, 의료진은 치료 혹은 처치를 시작하기 전에, 이에 대한 결정을 환자(가족)와 함께해야 하고 치료 절차에 대한 사전동의를 얻어야 한다. 이때 치료과정의 불확실성 혹은 위험성과 치료 후의 장점을 동시에 이야기해 주어야 한다. 환자나 가족이 치료의 불확실성에도 불구하고 치료과정 및 방법을 따르겠다고 동의한다면 그것은 구두와 문서(사전동의서)로 모두 확인해야 한다. 동의서의 작성은 단순하고 형식적인 것에 머무는 것이 아니라 이에 대한 환자(가족)의 이해가 전제되어야 한다. 또한 사전동의서를 구하는 설명을 할 때, 환자나 가족들이 걱정이나 궁금증을 충분히 토로하고 이야기할 수 있는 시간을 제공하는 것이 필요하다.

4. 의료오류는 없었으나 좋지 않은 결과가 생기는 경우

환자들은 사람의 개인적 특성이나 차이에 따라 다양한 생물학적 반응이나 결과가 초래될 수 있는 의학의 불확실성(uncertainty)을 이해하지 못하는 경우가 많으며, 심지어는 실제로 어떤 결과가 좋은 결과인지조차 정확히 이해를 못할 수도 있다. 〈사례 13-1〉은 치료 결과에 대한 환자와 의사 사이에 기대와 견해 차이를 보여 준다.

이 의사는 수술 후 환자가 혼자서 샤워를 할 수 있고 차의 앞좌석에 탈 수 있을 정도만이라도 움직일 수만 있으면 그것이 바로 '수술 결과가 아주 좋은 것'임을 수술 전에 미리 충분히 설명하지 않았던 것을 후회하게 된다.

많은 경우에 있어 환자나 보호자가 생각하는 '나쁜 결과'는 의료오류에 의한 것이 아니라 환자나 가족이 기대했던 것과 다른 결과가 나타낼 때인데, 이 경우 환자나 보호자는 '의료적 실수가 있었을 것'이라고 의심

사례 13-1

의사: (만족스럽고 자랑스러운 표정으로) 홍길동 님, 결과가 아주 좋습니다. 무릎관절 교체 수술을 한 지 두 달밖에 안 되었는데, 경과가 아주 좋네요. 통증도 거의 없고, 수술 전에는 한 정거장도 못 걸으셨는데, 이제 네 정거장이나 걸을 수 있고, 무릎은 114도나 구부릴 수 있네요. 아주 좋습니다!

환자: (불만과 걱정스러운 표정으로) 그런데 선생님, 욕조를 들어갔다 나올 만큼 무릎이 충분히 굽혀지지 않아요. 그리고 차의 뒤쪽 자리에 탈 만큼 무릎이 굽혀지지도 않는데…….

할 수 있다.

환자와 의사 사이에 불필요한 긴장, 불만, 의심이 발생하는 것을 미연에 방지하기 위해서는 치료 혹은 시술을 시행하기 전에, 처치의 결과 예상되는 좋은 결과와 좋지 않은 결과 모두에 대하여 충분히 대화를 나누고, 합의에 도달하고 함께 결정을 내리는 것이 필요하며 이것이 설명동의(informed consent)의 중요한 역할이다.

5. 의료오류의 공개란 무엇이며 공개해야 하는 내용은 무엇인가

'의료오류의 공개(open disclosure of medical error)'란 치료과정 중 실수가 원인이 되어 발생한 부정적 결과에 대하여 환자와 가족에게 정보를 제공하는 것을 말한다. 즉, 의료오류의 공개는 부정적 사건이 발생한 이후 환자와 가족과 솔직한 대화를 나누는 것으로서, 현재 많은 나라의 의료윤리강령에는 이를 의료진의 기본적 의무로 정하고 있다.

의료윤리강령에 앞서 의료진 스스로 자신에게 "지금 상황에서 내가 할 수 있는 옳은 행동은 어떤 것인가?" "유사한 상황이 다시 발생한다면 나는 어떻게 행동할 것인가?" "만약 나의 가족이 이런 상황에 놓인다면, 나는 어떻게 되기를 원하는가?"와 같은 질문을 하고 성찰을 해야 할 것이다. 이와 더불어 세계 여러 나라의 의료 관련 단체에서는 의료오류 공개에 대한 가이드라인을 개발하고 의사들이 이를 실천하도록 도움을 주고 있다.

6. 의료오류로 인하여 부작용이 발생하였을 때 환자가 원하는 것

의료오류로 인하여 부정적 사건이 발생하였을 때, 환자와 가족은 의료진이 실수에 대해 숨김없이 이야기해 주기를 원한다. 이와 더불어 실수로 인하여 어떤 일이 발생했는지 충분한 설명을 필요로 하며 책임을 인정하기를 요구한다. 또한 환자들은 실수에 대하여 의사가 "정말로 미안합니다."라고 사과해 주기를 원하며 그러한 실수가 일어나게 된 시스템을 고치기 위하여 의료진이 노력하고 있다는 증거를 보여 주기 원한다. 물론 경우에 따라서 처벌이나 보상을 요구한다.

7. 의료오류를 공개하거나 인정하지 못하게 하는 장애요소

앞에서 언급한 바와 같이 환자와 가족은 의료진의 솔직하고 투명한 진실의 공개를 원한다. 또한 의료진 역시 기본적으로 의료오류의 공개를 이해하고 동의하지만, 의료오류를 환자에서 솔직하게 공개하지 못하는 경우가 빈번하고 이러한 현상은 다음의 몇 가지 이유에서 기인한다.

첫째, 의사의 심리적 장애인 '의료적 나르시시즘(medical narcissism)'이다. 이는 의사가 자기 실수를 인정하면 의사로서의 자존감에 손상을 입게 되고 동료로부터 존경을 잃게 될 것이라는 수치심을 발생시킨다. 둘째, 의료오류의 공개와 관련된 커뮤니케이션 기법을 교육받은 적이 없어 환자와 어떻게 대화를 해야 하는가에 대한 자신감이 부족하다. 셋째, 의료오류는 공개하지 않을 때보다 공개했을 때 환자와 환자 가족에게 더 많은 피해를 줄 수 있다는 믿음이다. 넷째, 의료진이 의료공개를 꺼리는 가장 큰 이유는 의료소송에 대한 두려움 때문이다. 이는 자신이 의료오류를 인정하고 공개하면 환자들이 의료소송을 더 쉽게 할 수 있다는 두려움이다. 이러한 우려는 어느 정도 현실적인 경험에서 기인한다고 볼 수도 있다. 그러나 최근 미국에서 발표된 여러 연구결과는 의료오류의 공개가 의료소송을 증가시키지 않는 것으로 보고하고 있다. 특히 의료오류 공개를 의무화한 미국 미시간 의료시스템에서는 의료분쟁이 줄어든 것으로 나타났다.

이러한 장애요인들은 상당 부분 의료문화라는 독특한 상황에서 발생하는 것으로 보인다. 그러나 최근의 세계적인 흐름은 의료오류의 공개를 의사의 윤리적 의무인 동시에 환자의 신뢰를 회복하기 위해 실행해야 하는 의료행위의 일부로 받아들이고 있다.

8. 의료오류의 공개의 기본 원칙

실수를 공개하는 과정에서 가장 핵심적인 요소는 '효과적인 커뮤니케이션' 방법을 아는 것이다. 의료대화의 기본적인 커뮤니케이션 원칙은 이 상황에서도 적용된다. 더불어 상대방의 감정이 격양되어 있는 어려운 상황에 대처하는 커뮤니케이션 방법을 알아야 한다. 실수로 인한 부작용이 발생하여 고통받게 되면 환자와 가족은 감정이 고조되고 분노하는 것이 당연한 것이므로 의료진은 이를 이해하고 받아들일 마음의 준비를 해야 한다. 이때 의사가 같이 화를 낸다거나 방어적으로 대처하는 것은 바람직하지 않다. 이 상황에서 의료진도 불안하고 감정이 고조되는 것은 마찬가지이지만, 환자와 가족을 지지하는 것이 무엇보다도 우선이 되어야 함을 명심해야 한다.

의료오류의 공개에 있어서는 정직하고 시기적절한 커뮤니케이션, 실수에 대한 인정, 유감 혹은 사과의 표현, 환자와 가족의 기대에 대한 인식, 기밀보장 등이 주요 원칙이다. [그림 13-1]은 2006년 미국 하버드대학병원에서 발표한 '의료오류 공개에 있어서의 원칙과 절차에 대한 가이드라인(When things go wrong: responding to adverse event)'이다.

준비하기
- 의학적 사실 검토
- 대화에 참여할 대상자 확인하기
- 대화의 적절한 환경 및 장소 마련하기

대화 시도
- 환자와 가족이 대화할 준비가 되어 있는지 확인하기
- 환자와 가족의 일반적 교육 수준 혹은 의학적 지식 수준에 대한 파악

사실 전하기
- 어떤 일이 발생하였는지 쉽고 명료하게 설명하기
- 너무 많은 정보를 제공하거나 너무 단순화하여 설명하지 않기
- 현 상황에서 결과에 대해 설명하기
- 다음 단계에 대하여 설명하기
- 환자와 가족의 고통을 이해하고 있음을 진심으로 표현하기

경청하기
- 환자와 가족이 질문할 수 있도록 충분한 시간 제공하기
- 의사가 대화를 독점하지 않기

환자 혹은 가족이 말한 것을 수용하고 인정하기

환자 혹은 가족의 질문에 대해 답변하기

대화 마치기
- 대화내용에 대하여 요약하기
- 주요 사항에 대하여 반복 정리
- 향후 계획에 대하여 설명하기

의무기록 작성하기
- 발생한 사건에 대하여 기록하기
- 환자 그리고 환자 가족과 대화한 내용에 대한 진술

[그림 13-1] 의료오류 공개에 대한 하버드대학병원의 가이드라인

실습과제

1. 준비하기

어떤 종류든 좋지 않은 소식이나 나쁜 결과를 환자와 보호자에게 이야기하려고 할 때는 의료진 스스로 충분한 준비를 해야 한다.

- 의사는 자신을 먼저 진정시킨다. 대화하기 전에 자신의 감정을 살펴보고 평가하고 조절하도록 노력한다.
- 이야기를 시작하기 전에 가능한 많은 의학적 사실을 이해하고 준비한다.
- 환자 혹은 가족이 차분하게 앉아서 이야기할 수 있는 조용한 방을 찾는다.
- 환자 혹은 가족에게 마음의 준비를 할 시간을 주고, "좋지 않은 소식을 말씀드려야 할 것 같아서 유감입니다."라는 말을 통하여 사전예고를 한다.
- 대화가 시작되면 서두르지 말고 천천히 전개하고, 상황을 회피해서는 안 된다.

2. "유감입니다." 혹은 "미안합니다."라고 말하기

만약 의료진의 실수가 없었다면 환자와 가족들에게 "이런 소식을 전하게 되어 유감입니다." "그와 같은 일이 일어나다니 유감입니다."라는 보편적인 공감의 표현을 사용하는 것이 유용하나 이런 유감의 표명조차도 자신에게 너무 과도한 사과의 표현으로 느껴진다면 다음과 같은 위로의 말로 대체해도 된다. "좀 더 좋은 결과를 기대했었는데요." "좀 다른 결과를 기대했었는데……." "더 좋은 치료방법이 있었다면 좋았을 텐데요."

명백한 의료오류가 있었다면 "미안합니다."라는 말로 사과를 표명해야 한다. 〈사례 13-2〉는 혈압약 처방의 실수로 인하여 환자에게 부작용이 생겼던 예로, 의사가 환자의 보호자에게 사실을 공개하고 사과하는 과정을 보여 준다.

사례 13-2

의사: 홍길동 님께서 정신을 잃고 쓰러지셨던 원인을 찾았습니다. 혈압 약 처방에 있어 제가 실수를 했습니다. 이러한 일이 일어나게 되어서 매우 죄송합니다. 지금 환자 분께서 제게 얼마나 화가 나시는지 충분히 이해가 됩니다.

환자 부인: 어떻게 그럴 수 있죠? 앞으로 선생님을 어떻게 믿고 치료를 받을 수 있겠어요?

의사: 실수한 것에 화가 나고 또 그런 실수를 반복할까 봐 걱정하고 계시군요.

환자 부인: 화가 나긴 하지만 화보다는 걱정이 더 앞서는군요. 사람이니까 실수도 할 수 있겠지만, 처방전을 실수로 기입하는 것은 문제가 다르죠. 앞으로 어떻게 선생님을 믿고 치료를 받겠습니까? 제 남편은 거의 죽을 뻔했어요.

의사: 저도 알고 있습니다. 얼마나 놀래시고 걱정하셨을지 충분히 이해합니다.

환자 부인: 당연하죠.

의사: 다시 한 번 죄송하다는 말씀을 드리겠습니다. 앞으로 이런 실수를 하지 않도록 최선을 다하겠습니다.

환자 부인: 알겠어요.

의사: 고맙습니다. 저의 실수로 홍길동 님께서 고통을 받게 되어 저 역시 정말 괴롭습니다. 두 분이 상의하셔서 담당 의사를 바꾸겠다고 결정하시면 그렇게 하셔도 좋습니다. 그러나 한 번 더 저를 믿고 치료를 맡겨 주신다면 최선을 다할 것을 약속합니다.

환자 부인: 남편이 좋아질 것이라고 믿어요. 저에게 정직하게 이야기 해주셔서 감사합니다.

의사: 아닙니다. 이해해 주셔서 제가 더 감사합니다.

3. 의사의 적절한 반응

무엇보다도 의사의 사과와 설명이 환자에게는 어떻게 들리는지, 환자가 어떤 감정을 느끼는지를 파악해야 하고 상황에 대한 환자 혹은 가족의 이해도에 따라 의사는 적절히 반응할 수 있어야 한다.

4. 환자의 감정이 표출되어 사태를 파악했을 때

의사의 실수에 대한 사과가 이루어지기 전까지는 실수가 왜, 어떻게 일어났는지에 대한 설명은 잠시 보류하는 것이 필요하다. 사과를 하고 환자의 감정이 표출된 이후에는, "어떤 연유로 남편에게 잘못된 용량의 혈압약이 처방되게 되었는지에 대하여 설명해 드렸으면 합니다. 괜찮으시겠어요?"와 같이 사실에 대하여 자세히 설명한다.

5. 지속적인 대화의 필요성

다른 어떤 나쁜 소식을 전달하는 상황과 마찬가지로 예상치 못한 원치 않는 결과를 말할 때도 단 한 번의 대화로 상황을 종결하기는 어려울 것이다. 따라서 차후 방문의 계획을 세우고 다시 대화를 하는 것이 필요하다.

환자 또는 보호자가 대화를 거부할 때

의사가 환자에게 공감을 표시하거나 설명을 하려 해도 환자나 보호자 측에서 이를 거부할 수도 있다. 듣고 싶어 하지 않는 상대방에게 정보를 제공하는 것은 아무런 효과가 없다. 이런 경우, 일단 대화를 멈추고 환자와 대화내용을 의무기록으로 남긴다. 이때 '환자가 듣기를 거부함'이라고 적는 것보다는 '대화하기를 원치 않았음'으로 기록하는 것이 더 좋다. 그리고 적절한 시간이 경과한 다음에 환자와 가족과 다시 대화할 수 있는 기회를 계획한다.

6. 사례 연습

82세 남자가 대퇴골 골절로 수술을 받았다. 수술 후 입원 기간 중 폐렴이 발생하여 subclavian catheterization을 시행하였다. 그러나 환자의 상태가 계속 악화되고 폐혈증 상태가 되어 확인한 결과, 카테터(catheter)의 가이드 와이어 (guide wire)가 제거되지 못하고 환자의 몸속에 남아 있는 것을 알게 되었다. 환자의 상태는 계속 악화되고 있다.

1) 환자의 가족에게 사실을 언제, 누가, 어떻게 알릴 것인가?

2) 이 환자가 만약 나의 가족이라면 나는 의료진이 나에게 어떻게 해 주기를 원하는가?

3) 환자의 가족에게 알려야 할 사실은 무엇이며, 어떤 말을 할 것인가?

4) 이 상황에 대하여 한 사람은 의료오류를 공개해야 하는 의사의 역할을, 다른 한 사람은 이를 듣는 환자의 가족의 역할을 하면서 각자의 감정과 입장이 되어 대화를 나눈다. 이때 환자의 가족은 여러 명이 배석하는 상황으로 설정할 수도 있다.

참고문헌

이영미(2009). 환자안전 의학교육과정. 한국의학교육, 21(3): 217-229.

Calvert JF Jr, Hollander-Rodriguez J, Atlas M, Johnson KE. (2008). Clinical inquiries. What are there percussions of disclosing a medical error? J Fam Pract, 57(2): 124-5.

Gallagher TH, Bell SK, Smith KM, Mello MM, McDonald TB. (2009). Disclosing harmful medical errors to patients: tackling three tough cases. Chest, 136(3): 897-903.

Gallagher TH, Waterman AD, Ebers AG, Fraser VJ, Levinson W. (2003). Patients' and physicians' attitudes regarding the disclosure of medical errors. JAMA, 289(8): 1001-7.

Hammami MM, Attalah S, Al Qadire M. (2010). Which medical error to disclose to patients and by whom? Public preference and perceptions of norm and current practice. BMC Med Ethics, 11(17): 1-17.

Helmchen LA, Richards MR, McDonald TB. (2010). How does routine disclosure of medical error affect patients' propensity to sue and their assessment of provider quality? Evidence from survey data. Med Care, 48(11): 955-61.

Lazare A. (2006). Apology in Medical Practice: An Emerging Clinical Skill. JAMA, 296(11): 1401-4.

Levinson W. (2009). Disclosing medical errors to patients: a challenge for health care professionals and institutions. Patient Educ Couns, 76(3): 296-9.

Loren DJ, Garbutt J, Dunagan WC, Bommarito KM, Ebers AG, Levinson W, Waterman AD, Fraser VJ, Summy EA, Gallagher TH. (2010). Risk managers, physicians, and disclosure of harmful medical errors. Jt Comm J Qual Patient Saf, 36(3): 101-8.

Mitka M. (2010). Disclosing Medical Errors Does Not Mean Greater Liability Costs, New Study Finds. JAMA, 304(15): 1656-7.

O'Connor E, Coates HM, Yardley IE, Wu AW. (2010). Disclosure of patient safety incidents: a comprehensive review. Int J Qual Health Care, 22(5): 371-9.

Open Disclosure: Health Care Professionals Handbook. The Australian Commission on Safety and Quality in Health Care. Available at http://www.safetyandquality.gov.au/

Platt FW, Gordon GH. (2008). Field guide to the difficult patient interview (2nd ed.). 이영미 외 공역(2008). 어려운 진료상황에 대처하는 의사소통 실전가이드. 서울: 청운.

Regaining trust after an adverse event: An education module on managing adverse events in general practice. (2008). The Royal Australian College of General Practitioners, South Melbourne, Victoria. To tell or not to tell. http://darkwhiteline.org/yahoo_site_admin/assets/docs/TO_TELL_OR_NOT_TO_TELL.162132756.pdf. Neelu Pal.

WHO Patient Safety Curriculum for Medical School. (2008). WHO World Alliance for Patient Safety. WHO Press, World Health Organization, Geneva, Switzerland.

Wu AW, Huang IC, Stokes S, Pronovost PJ. (2009). Disclosing medical errors to patients: it's not what you say, it's what they hear. J Gen Intern Med, 24(9): 1012-7.

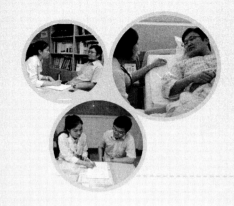

14

팀 커뮤니케이션

이건호(대구가톨릭대학교 의과대학)

➡ 학/습/목/표
_____

1. 자문 구하기의 정의에 대해 알고, 적절한 자문을 구할 수 있다.
2. 사례보고를 적절한 시간과 내용으로 할 수 있다.

14 CHAPTER 팀 커뮤니케이션

1. 자문 구하기와 의뢰

1) 개 요

광범위한 의료지식과 끊임없이 쏟아지는 최신의 의학지식으로 인해 의사 한 사람이 전체적인 의료지식을 다 아는 것은 거의 불가능하다. 모든 의사는 전문 과목에 상관없이 다른 의사의 도움을 받기 마련이다. 일반적으로 일차 의료를 담당하는 의사는 다양한 문제를 가진 환자를 접하게 된다. 환자의 다양한 문제를 해결하기 위해 사용될 수 있는 것 중 하나가 자문 구하기(consultation)와 의뢰(referral)다. 자문 구하기는 환자 진료를 담당하는 의사가 다른 의사에게 환자의 의학적 문제에 대해 도움이나 의견을 물어보는 것을 말한다. 환자의 문제해결을 위해 동료 의사나 타 분야 전문가에게 진단과 치료에 대해 조언을 구하는 것이다. 예를 들면, 폐렴 증상의 환자에게 사용할 치료 약제에 대해 동료 의사와 상의하는 것이다.

의뢰는 환자의 문제를 해결하기 위해 다른 의사에게 진료에 대한 책임을 넘겨주는 것을 의미한다. 가령 급성 충수돌기염으로 진단된 환자의 치료 및 수술을 위해 외과 의사에게 의뢰하는 것이다.

환자를 진료할 때 자문과 의뢰라는 도구를 자주 이용하게 되며, 이는 의료전달 체계의 핵심과정 중 하나다. 자문과 의뢰를 하게 되는 경우는 여러 가지가 있다. 환자의 진단이나 치료에 필요한 자원이 부족할 때, 전문적인 진단기구나 치료가 필요할 때, 환자가 원할 때, 팀 진료가 필요할 때, 의사 자신의 확신을 위해, 의사-환자 관계가 나쁠 때, 의사-환자 간 윤리적 문제가 있을 때 등이 있다.

2) 자문과 의뢰의 단계

(1) 자문과 의뢰를 하기 전 단계
담당 의사는 환자에게 가장 도움이 될 만한 적당한 시기를 선택하고, 환자에게 도움이 될 수 있는 적합한 자문의를 선택한다. 이는 의료지식과 기술뿐만 아니라 환자의 성격과 잘 맞는지, 자문이나 의뢰를 쉽게 수용할 수 있는지, 좋은 의사-환자 관계를 유지할 수 있는지 등을 고려해야 한다. 그다음에 환자에게 자문이나 의뢰에 대한 설명을 해야 한다. 의사는 환자에게 자문이나 의뢰에 대한 동의를 얻어야 하며, 환자는 이에 대한 충분한 설명을 들어야 적절한 자문이나 의뢰가 이루어질 수 있다. 이를 소홀히 하면, 환자는 자신을 '그냥 보내 버린다' '버린다'는 느낌을 받을 수 있어, 의사-환자 관계의 악화와 환자의 순응도를 떨어뜨릴 수 있다.

(2) 자문이나 의뢰를 하는 단계
자문과 의뢰를 하는 정확한 이유와 예상되는 결과에 대해 설명하고, 자문의에게도 적절한 정보를 제공해야 한다. 이를 분명하게 하지 않으면 의사소통에 지장이 생기며, 문제가 발생할 소지가 높다.

(3) 자문이나 의뢰를 마친 단계
담당 의사는 환자에게 자문과 의뢰에 대한 결과를 설명해 주어야 하고, 새로운 진단 계획이나 치료 계획이 있으면 환자와 상의하여 순응도를 높이도록 한다.

3) 자문의에게 필요한 사항

자문을 받게 되면 자문의는 먼저 자문과 의뢰의 이유나 목적에 대해 분명히 파악해야 한다. 자문결과서는 환자정보 요약, 고려해야 할 진단명, 처방 또는 처방을 위한 조언 등을 일목요연하게, 되도록 간단히 기록하고, 신속히 회신하도록 한다.

2. 사례보고(프레젠테이션) 방법

여러 의사가 근무하는 병원에서 주치의가 담당 과장이나 교수에게 환자를 보고하는 일은 매일 일어난다. 매일 회진 시 주치의가 담당 교수에게 환자의 상태에 대해 보고하는 것이나, 응급실에서 신환을 보면서 병력청취, 신체진찰, 검사 등을 거쳐 환자의 문제를 판단하고, 이를 상급자에게 보고하는 것 등이다. 병원실습 중 사례에 대한 구두발표는 병력과 신체검사 등을 간단하면서도 명확히 요약하는 것이다. 담당하게 되는 환자에게 병력청취 및 신체진찰을 통해 환자의 문제를 파악, 평가하고, 진단 및 치료 계획을 수립하여 사례보고를 하게 된다.

사례보고 시 먼저 환자의 나이, 성별, 이름을 말하고 난 다음 주소(chief complain)를 보고한다. 주소는 필수적인 문제를 간략한 용어로 보고하는 것이 좋다. 때로는 환자가 표현하는 용어를 고려할 가치가 있을 때 이용하기도 한다.

현 병력(history of present illness)은 발표 중 가장 중요한 부분 중 하나로, 논리적으로 구성되어야 한다. 환자의 여러 문제 중 가장 중요한 문제에 대해 먼저 얘기하는 것이 좋다. 현 병력에는 증상에 대한 양상, 강도, 위치, 기간, 완화와 악화 여부, 관련 증상 등과 함께 적절한 음성 소견

(negative findings)도 포함해야 한다. 증상에 관련된 사항을 시간 순서대로(연, 월, 일) 보고하는 것이 좋다.

과거력(past medical history)에는 이전에 앓았던 의학적 질병력이나 투약력, 수술력 등을 포함하지만, 사례보고 시에는 간략하게 제시하는 것이 좋고, 중요한 과거력은 발표에 포함하거나 현 병력에 포함하는 것이 좋다.

투약력(medications)에는 현재 복용 중인 약물에 대해 양과 복용 횟수 등을 포함하여 발표한다.

사회력(social history)은 음주력(빈도, 양, 과음 횟수), 흡연력(갑/년, pack/years), 결혼 여부 등에 대한 것으로 현 병력에 포함하여 발표할 수 있다.

가족력은 1~2세대(조부모, 부모, 형제)의 주요 질병력에 대한 것이지만, 사례보고 시에는 주소나 현 병력과 관련된 중요한 내용만 발표한다.

계통문진(review of system)은 각 장기별 문제에 대한 일반적인 질문들이다. 가능한 간략히 보고하는 것이 좋으며, 적절한 양성 및 음성 소견을 발표한다.

신체검사(physical examination)는 활력징후(vital sign)와 모든 신체검사상의 이상 소견과 추정 진단에 연관된 정상 소견을 포함해야 한다. 활력징후는 혈압, 맥박수, 호흡수, 체온을 보고한다. 신체검사에 특별한 이상 소견이 없다면, '흉부소견은 특이소견이 없었다' 정도의 언급은 폐질환을 의심하지 않는 환자의 경우 적절한 설명이 될 수 있다. 간경화 환자의 경우 '거미혈관종은 관찰되지 않았다' 의 소견도 충분히 환자를 진찰했다는 생각을 심어 줄 수 있다.

문제 목록은 가장 중요한 것부터 발표하도록 하고, 병력청취 및 신체검사 등의 정보를 논리적으로 평가(assessment)하도록 한다. 평가에는 추정되는 진단명과 배제해야 할 진단명을 발표한다. 이를 근거로 진단적 계획과 치료적 계획을 발표하도록 한다.

보통 사례보고 시간은 5~7분을 넘지 않는 것이 좋다. 분명하고 명쾌한 발표는 연습과 기술을 필요로 하며, 학생들은 이에 대한 사실을 숙지하는 것이 좋다.

실습과제

1. 자문 구하기

학생 2인 1조로 팀을 구성한다. 학생들은 서로 자문의뢰서를 작성하고 상대방에게 전달한다. 전달받은 학생은 자문결과서를 작성하여 답하도록 한다. 자문의뢰서와 결과서에 대해 서로 토의한다. 실습시간은 30분간 하도록 한다(자문의뢰서 작성 10분, 자문결과서 작성 10분, 토론 10분).

홍길동 선생님 귀하   환자 이름 : _____
                                      성별 및 나이 : _____

Lt. breast mass

환자는 자가 검진상 우연히 만져진 좌측 유방의 멍울을 주소로 내원하였습니다. 가족력상 언니가 유방암의 병력이 있고, mammography에서 Lt. breast에 1.5cm sized spiculated nodule이 발견되었고, 유방초음파 검사상 좌측 유방에 spiculated nodule with architectural distorsion 소견이 있었습니다. 영상의학적 소견으로 악성이 의심되어 의뢰 드리오니 검사를 부탁 드립니다. 환자에게는 조직검사가 필요할 것이라고 설명해 두었습니다(mammography 및 유방초음파 소견 첨부).

2012년 2월 15일

행복의원 담당 의사 ○○○

전화 : _____ 팩스 : ____

홍길동 선생님 귀하　　　　　　　　　　환자 이름: _____
　　　　　　　　　　　　　　　　　　　　성별 및 나이: _____

Lt. breast mass

주소: 우연히 만져진 좌측 유방 멍울
mammography: 1.5cm sized spiculated nodule
USG of breast: subareolar area of Lt. breast에 1.5cm sized spiculated nodule with
architectural distortion

2012년 2월 15일 좌측 유방 결절에 대한 조직검사를 시행하였습니다. 조직검사 후
나타난 합병증 소견은 없었습니다.

Bx : breast cancer, Lt.
조직검사 결과지를 첨부하였습니다. 궁금한 사항이 있을 시 연락 주십시오.

　　　　　　　　　　　　　　　2012년 2월 21일

　　　　　　　　　　　　　　　건강병원 담당 의사 ○○○
　　　　　　　　　　　　　　　전화: _____　팩스: _____

---

2. 사례보고

적절한 사례를 찾아 직접 사례발표(구두)를 하도록 한다. 사례보고 시간은
5~7분을 넘지 않도록 한다.

예) 저는 학생 의사 ○○○이라고 합니다. 사례보고를 시작하도록 하겠습니다.

상기 환자는 30년의 흡연력을 가진 60세 남자 환자로 한 달간의 가슴통증을
주소로 내원하였습니다. 10년 전 고혈압과 당뇨를 진단받았으나 정기적으로
치료를 받지 않은 상태로, 최근까지 특이 증상이 없다가 내원 한 달 전부터 5일
에 한 차례 정도의 간헐적인 가슴 통증이 발생하였고, 통증은 계단을 올라가거
나 언덕을 올라갈 때 생겼으며, 꽉 누르는 듯한 양상으로, 3분 정도 지속되었
으나 휴식 시 증상은 소실되었습니다. 가슴 통증 시 숨이 찬 것 이외의 다른 동
반 증상은 없었습니다. 내원 7일 전부터는 하루 한 차례 정도로 가슴 통증의 빈

도가 잦아들고, 통증의 강도도 더 심해져 내원하였습니다.

기타 과거력, 가족력, 사회력에는 특이 사항이 없었습니다. 투약력은 ○○○ 2mg과 ○○○ 8mg을 처방받았으나 간헐적으로 복용하였습니다. 계통문진상 특이사항은 없었습니다.

신체검사상 활력징후는 정상이었고, 급성 병색은 보이지 않았습니다. 경정 맥은 확장되지 않았으며, 흉부검사상 호흡음과 심장박동은 정상이었고, 심잡 음은 들리지 않았습니다. 복부, 사지 및 신경학적 검사상 이상소견이 없었습니다.

상기 환자는 고혈압 및 당뇨를 가진 흡연자로서, 1달 전부터 생긴 간헐적 가슴 통증이 빈도와 강도가 증가하는 양상을 보여 불안정형 협심증으로 생각하였습니다.

진단적 계획으로는 흉부 단순촬영, 심전도, 심효소치 검사, 심장초음파 및 관상동맥 조영술을 고려해야겠고, 치료적 계획으로는 증상완화약물, 항혈전 제, 지질저하제 및 관상동맥 중재술을 고려해야겠습니다. 환자의 교육사항으로는 금연, 고혈압 및 당뇨의 철저한 조절 등이 있겠습니다. 이상입니다.

참고문헌

박일환, 유선미(1997). 자문과 의뢰. 가정의학회 편. 가정의학(초판). 서울: 계축문화
　　사, pp. 448-54.

서영성, 신동학(2003). 자문과 의뢰. 가정의학회 편. 가정의학(2판). 서울: 계축문화
　　사, pp. 607-15.

Billings JA, Stoeckle JD. (1999). The Clinical Encounter: A Guide to the Medical
　　Interview and Case Presentation (2nd ed.). St. Louis, Mosby, pp. 73-7.

Rakel RE. (1995). Textbook of family medicine (5th ed.). Texas, Saunders, pp.
　　214-24.

Tierney LM, Henderson MC. (2005). The patient history(Evidence-based approach). 강희철 역(2010). 의사실기 시험과 일차 진료를 위한 진단학(병력 청취 중심의 진단학). 서울: 대한의학서적, pp. 17-26, 577-8.

Yurchak PM. (1981). A guide to medical case presentations. Resident Staff Physician, 27: 109-15.

부 록

의료면담 교육과정 설계

노혜린(인제대학교 의과대학)

부록: 의료면담 교육과정 설계

의료면담 교육과정을 개설함에 있어 흔히 발생하는 장애물로는 언제 의료면담 교육을 실시하며 어떤 교수학습 방법을 사용할 것이며 어떻게 평가할 것인가 등이다. 이에 여기에서는 의료면담 학습 주제별 바람직한 교육과정 배치와 함께 적절한 교수학습 방법과 평가방법을 제안해 보고자 한다.

● 교육과정

의료면담이 잘 이루어지기 위해서는 우선 기본적인 면담기법에 익숙해야 하며, 이를 바탕으로 의료면담이 습득되어야 한다. 기본 면담기법에 익숙해지기 위해서는 나를 이해하고 환자를 이해하는 과정이 충분히 이루어져야 한다. 또한 의료면담을 습득할 수준에 이르기 위해서는 지속적인 실습이 필요하다.

지금까지 대부분의 의과대학에서 이루어져 온 의료면담 강좌는 학생의 학습 효율 측면에 대한 고려보다는, 각 대학의 교육과정이나 형편에 맞추어져 왔다. 각 학교에서는 의료면담 강좌를 기존의 교육과정에 편입시키기 어려워 비교적 시간이 여유 있는 의예과 과정에 넣기도 하고, 임상실습 직전에 시행하는 '임상의학입문'이라는 집중 프로그램에 넣기도 하였다.

그러나 의예과에 넣은 경우, 의예과 수준에 적절한 내용보다는 의학과에서 해야 할 의료면담 내용을 교육하기에 어느 이상의 학습 성과를 거두기에는 적절치 않은 부분이 있다. 임상실습 직전에 넣은 경우에도 문제가 발생한다. 집중 프로그램으로 효과가 있는 면담기법이 있는 반면, 그렇지 않은 기법이 있으며, 임상실습 과정에서 이러한 기법들이 지속적으로 훈련되는 시스템은 아니기 때문이다.

의예과 과정에서는 나를 이해하고 환자의 심리를 이해하며, 커뮤니케이션이란 무엇이며, 의료면담이란 어떤 특성을 가지는지 충분히 이해하는 것이 중요하다. 면담기법에 들어가기 전에 기초를 잘 다지는 과정인 것이다.

임상의학이 시작되는 단계는 각 대학의 교육과정에 따라 다를 수 있으나, 임상의학이 조금이라도 포함되는 강좌를 시작하는 단계에서 다음의 주제는 다루는 것이 좋다. 즉, 관계형성 기법, 환자의 비정상 반응, 면담 시작과 병력청취, 환자 교육과 면담 종결이다.

그 이유는 임상실습을 하기 전 단계에서 임상의학을 학습할 때 면담을 지속적으로 반복 실습하는 것이 의료면담 기법을 습득하는 데 효과적이기 때문이다. 임상의학 학습 중에 면담 실습이 이루어지려면 임상의학을 시작하는 시점에서 면담의 기본 원칙과 절차에 대해서 숙지하여야 한다.

면담의 원칙과 절차가 숙지된 후라면 주요 임상표현별로 환자 면담을 지속적으로 실습하면서 다양한 상황을 경험하는 것이 좋다. 따라서 이때 어린이, 청소년, 노인 등 나이에 따라 어떻게 달리 접근하게 되는지도 파악하고, 성적인 면담이나 비정상 반응을 보이는 환자 면담 등 기본 면담이지만 하기 어려운 주제에 대해서도 다루는 것이 도움이 된다. 동의서 받기 정도는 임상의학을 학습하여 지식을 갖춘 상황이라면 실습이 가능하며, 동의서 받기를 통해 지식을 오래 기억하기도 좋은 장점도 있다.

행동변화 상담은 상당히 복합적인 어려운 기법이다. 환자들이 비정상 반응을 보이기도 쉽고, 행동변화의 목적이나 방법에 대해 잘 이해하지 못하는 경우가 흔하기 때문이다. 따라서 기본 면담기법 중 관계형성이나 환자 교육, 비정상 반응을 보이는 환자 다루기 등의 방법이 몸에 습득된 후에 실습하는 것이 학생들의 학습동기를 위해 좋다. 그러므로 행동변화 상담은 그 원칙을 실습 직전에 알려 주고, 임상실습 기간 동안에 지속적으로 학습하도록 격려하고 시스템적으로 장치를 마련하는 것이 바람직하다.

나쁜 소식 전하기, 실수 전하기, 팀 커뮤니케이션 등은 행동변화 상담 보다 훨씬 더 복잡하고 숙달되기 어려운 주제들이다. 나쁜 소식 전하기의 경우, 관계형성도 좋아야 하며, 정보 전달하기, 비정상 반응 다루기, 치료에 대해 설명하기, 치료에 대한 동의 구하기 등이 포함된다. 실수 전하기의 경우, 나쁜 소식 전하기, 비정상 반응 다루기, 사과하기, 치료에 대해 설명하기, 치료에 대한 동의 구하기, 환자 안전시스템 설명하기 등이 포함된다. 즉, 기술한 각각의 내용에 숙달되지 않은 상태에서는 나쁜 소식 전하기나 실수 전하기를 잘 하기가 어려운 것이다.

팀 커뮤니케이션은 일대일이 아닌, 일대다 커뮤니케이션이다. 우선 일대일 커뮤니케이션을 잘 할 수 있어야 하며, 이에 더불어 팀의 특성과 조직 커뮤니케이션의 절차를 이해하고 실행할 수 있어야 한다.

나쁜 소식 전하기나 실수 전하기, 팀 커뮤니케이션은 교육과정에 학생 인턴 제도가 포함된다면 반드시 사전에 교육되어야 하는 주제다. 이 주제들은 학생 인턴이 실제 의료 현장에서 의료오류를 줄이고 환자의 안전을 증진하는 데 매우 중요한 기법들이기 때문이다.

• 의료면담 교수학습법과 평가법

의료면담이 강의로만 습득되기는 어렵다. 의과대학에서는 효과적인 교수학습 방법을 사용하여 학생들에게 동기를 부여하고, 실제적으로 필요한 의료 현장에서의 바람직한 행동을 가르쳐야 한다.

우리는 흔히 다양한 교수학습 방법을 사용하면 자연스럽게 학생들의 인성이 성숙되고 행동이 변화할 것으로 짐작하기 쉽다. 하지만 현실은 그렇지 않다. 학생들은 그 시간을 재미있게 보냈을지 모르지만, 향후 의료 현장에서 자신이 해야 할 행동과 연결시키지 못하는 경우가 많다.

　의료면담을 확실히 습득할 교수학습 방법을 선정하기 위해서는 이 주제를 학습한 후 변화하게 될 학생들의 행동에 대해 정리하고 변화된 행동을 학습성과(Learning outcome) 목표로 명확하게 표현하는 것이 필요하다. 그리고 변화된 행동을 평가할 평가방법과 기준을 설정한다. 그 이후에 그 학습성과 목표에 맞는 교수학습 방법을 고르는 것이다.

　학생들이 스스로 동기를 부여하여 의료면담을 학습하게 하기 위해서는 스스로 그 상황을 경험해 보고 학습의 필요성을 절실히 느끼는 것이 필요하다. 이에 적합한 교수학습 방법은 실제 환자나 모의 환자를 직접 만나 보고 그 상황을 체험하는 것이다. 의료면담의 기본 개념이나 환자 이해하기 등은 교수 입장에서는 강의가 가장 편할 수 있다. 하지만 강의만으로 개념이나 환자 이해가 절실하게 와 닿지 않을 것은 분명하다. 바람직한 방법은 실제로 환자를 만나 보게 하고, 토의를 통해 체험한 것에 대해 정리해 보게 한 후, 핵심적인 개념을 짧게 강의로 마무리해 주는 것이다. 이후에 성격검사, 영화나 책 등을 통해 나를 이해하고 환자를 이해하는 과정을 심도 있게 반복하면 더 좋다. 환자 경험, 체험 정리, 개념 숙지 등의 과정 없이 영화만 보거나 책을 읽는 것은 학습의 필요성을 느끼지 못하고 의료 현장에서 실제 필요한 행동이 무엇인지 파악하지 못한 상태에서 이루어지는 것이므로, 그 효과가 미미할 것으로 생각된다.

　학생 수준에 맞는 적절한 실제 환자를 매번 시간에 맞추어 동원하기는 쉬운 일이 아니다. 따라서 현실적으로 각 학교에서는 가입된 컨소시엄이나 대학에서 활동 중인 표준화 환자를 활용하거나 이것이 어려울 경우 역할극 등을 활용하게 된다. 역할극은 학생이 환자의 역할을 경험해 볼 수 있는 장점이 있는 반면, 학생들이 몰입하여 환자의 감정을 체험하지 않고 피상적으로 역할극만 하고 장난처럼 재미있어 한다는 단점이 있다. 학생들은 어린 나이인 만큼 환자의 입장에 처해 본 경험이 많지 않거나, 단편적이다. 이에 장난이 아닌, 제대로 체험하고자 하는 마음가짐으로 역할극을 독려하는 것이 교수학습 방법을 사용하고자 하는 교수에게 필요하다. 이에 저자는 표준화 환자 면담이 가장 좋은 교수학습 방법이라고 추천한다.

동기부여가 된 학생들은 책이나 강의를 통해 개념을 정리하고 의료면담을 잘 하고 있는 사람의 것을 보고 흉내내 보고 싶어지게 된다. 이 단계에 적절한 교수학습 방법은 교수의 잘 조직화된 짧은 강의, 시범, 모범 동영상, 책 읽기 등이다. 교수들은 이 단계에서 강의 를 주입식으로 하고 끝내기 쉬운데, 긴 강의는 학생을 수동적으로 만들고 적극적인 학습으로 이어지는 것을 방해하므로 잘 조직하고 핵심개념을 짧은 시간에 잘 전달하는 강의기법이 필요하다. 강의 외에 교수의 시범이나 모범 동영상은 학습동기가 부여된 학생들에게는 절대적으로 필요하며 효과가 큰 방법이다. 모범 동영상은 교수 개개인이 제작하지 않아도 유튜브나 이러닝(e-learning) 사이트 등에서 쉽게 찾아볼 수 있다. 개념 정리를 위해 책을 읽고 정리하도록 하는 것도 학생의 적극적인 학습을 위해 도움이 되는 방법이다.

개념이 정리되었고 모범 시범을 관찰한 학생에게는 이제 스스로 시도해 보게 하고 잘했는지 못했는지 피드백해 주면서 지속적으로 실력을 향상시켜 가게 하는 교수학습 방법이 필요하다. 학생들이 시도해 보게 하는 방법으로는 역할놀이, 모의 환자 실습, 실제 환자 실습, 시뮬레이션 실습 등 다양한 실습방법이 있다. 그러나 단지 실습만으로 그쳐서는 안 된다. 학생들이 잘 하고 있는지 교수나 동료학생이 직접 관찰하거나 비디오 녹화를 통해 관찰하고 피드백을 해 주어야 올바른 학습이 가능하다. 학생들이 적극적으로 피드백해 주도록 하기 위해 학생 컨퍼런스를 하거나, 소그룹 토의를 하게 하는 것도 방법이다. 지속적인 실력 연마를 위한 교수학습 방법으로는 코칭 기법을 활용하면 좋다. 코칭은 코칭을 받는 사람이 스스로 목표와 방법을 정하고 실천해 가는 과정을 지원해 주는 것이다. 개개인의 면담 특성은 다르므로, 스스로가 정한 목표와 방법에 따라 학생 중심적인 교수학습 방법을 택하고자 하는 것이다.

〈부록 표 1〉 주제별 교육과정 배치

주제	교육과정 배치
의료면담의 기본 개념	의학과 진입 이전
자기 이해하기	
환자 이해하기	
관계형성 기법	임상의학 학습 전
환자의 비정상 반응 다루기	
면담 시작과 병력청취	
환자 교육과 면담 종결	
주요 임상표현별 면담 실습	임상의학 학습 중
나이에 따른 면담	
노인 면담	
성적인 문제 면담	
동의서 받기	
행동변화(동기부여) 상담	핵심 임상실습 중
나쁜 소식 전하기	학생 인턴 전
실수 전하기	
팀 커뮤니케이션	

　그동안 의료면담에서 주로 사용해 왔던 평가방법은 출석, 선택형 필기시험, 논술시험, 보고서, 그룹 프로젝트 평가, 표준화 환자를 이용한 실기시험 등이 있었다. 의료면담의 학습성과 목표가 학생들의 행동이 변화하는 것이라면, 평가 또한 학생들의 행동이 변화하였는지 그 성과를 보는 것일 것이다. 따라서 수행평가를 통해 그 성과가 확실히 성취되었는지 평가하는 것이 중요하다. 수행평가로 저자가 추천하는 것은 표준화 환자를 이용한 실기시험과 포트폴리오다. 포트폴리오는 학생이 성취한 성과물을 모아서 제출하는 것으로 실제 현장에서 학생이 한 행동에 대해 가장 잘 평가할 수 있는 방법이다.

찾아보기

〈인 명〉

〈내 용〉

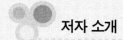

저자 소개

강석훈 | 서울대학교 의과대학	손정우 | 충북대학교 의과대학
김대현 | 계명대학교 의과대학	안지현 | 중앙대학교 의과대학
김봉조 | 경상대학교 의학전문대학원	유병연 | 건양대학교 의과대학
김성수 | 부산대학교 의학전문대학원	유용운 | 대구가톨릭대학교 의과대학
노혜린 | 인제대학교 의과대학	윤창호 | 경북대학교 의학전문대학원
박용천 | 한양대학교 의과대학	이건호 | 대구가톨릭대학교 의과대학
박일환 | 단국대학교 의과대학	이근미 | 영남대학교 의과대학
박재현 | 경희대학교 의학전문대학원	이영미 | 고려대학교 의과대학
박훈기 | 한양대학교 의과대학	이자경 | 연세대학교 의과대학
신좌섭 | 서울대학교 의과대학	이정권 | 성균관대학교 의과대학
선우성 | 울산대학교 의과대학	임인석 | 중앙대학교 의과대학
성낙진 | 동국대학교 의과대학	임인자 | 중앙대학교 의과대학
손영수 | 제주대학교 의학전문대학원	한창환 | 한림대학교 의과대학

의료커뮤니케이션

2012년 4월 10일 1판 1쇄 발행
2023년 6월 20일 1판 3쇄 발행

지은이 • 한국의과대학 · 의학전문대학원장협회/대한의료커뮤니케이션학회
펴낸이 • 김 진 환
펴낸곳 • (주) **학지사**

04031 서울특별시 마포구 양화로 15길 20 마인드월드빌딩 5층

대표전화 • 02) 330-5114   팩스 • 02) 324-2345

등록번호 • 제313-2006-000265호

홈페이지 • http://www.hakjisa.co.kr
페이스북 • https://www.facebook.com/hakjisabook

ISBN 978-89-6330-796-1 93180

정가 17,000원

출판미디어기업 **학지사**

간호보건의학출판 **학지사메디컬** www.hakjisamd.co.kr
심리검사연구소 **인싸이트** www.inpsyt.co.kr
학술논문서비스 **뉴논문** www.newnonmun.com
원격교육연수원 **카운피아** www.counpia.com